A CONSTRUÇÃO DA DECISÃO JUDICIAL A PARTIR DO PROCEDIMENTO DISCURSIVO

Do solipsismo judicial à legitimidade democrática

ROSAN DE SOUSA AMARAL

Prefácio
Marcelo Barroso Lima Brito de Campos

A CONSTRUÇÃO DA DECISÃO JUDICIAL A PARTIR DO PROCEDIMENTO DISCURSIVO
Do solipsismo judicial à legitimidade democrática

Belo Horizonte

2024

© 2024 Editora Fórum Ltda.

É proibida a reprodução total ou parcial desta obra, por qualquer meio eletrônico, inclusive por processos xerográficos, sem autorização expressa do Editor.

Conselho Editorial

Adilson Abreu Dallari	Floriano de Azevedo Marques Neto
Alécia Paolucci Nogueira Bicalho	Gustavo Justino de Oliveira
Alexandre Coutinho Pagliarini	Inês Virgínia Prado Soares
André Ramos Tavares	Jorge Ulisses Jacoby Fernandes
Carlos Ayres Britto	Juarez Freitas
Carlos Mário da Silva Velloso	Luciano Ferraz
Cármen Lúcia Antunes Rocha	Lúcio Delfino
Cesar Augusto Guimarães Pereira	Marcia Carla Pereira Ribeiro
Clovis Beznos	Márcio Cammarosano
Cristiana Fortini	Marcos Ehrhardt Jr.
Dinorá Adelaide Musetti Grotti	Maria Sylvia Zanella Di Pietro
Diogo de Figueiredo Moreira Neto (*in memoriam*)	Ney José de Freitas
Egon Bockmann Moreira	Oswaldo Othon de Pontes Saraiva Filho
Emerson Gabardo	Paulo Modesto
Fabrício Motta	Romeu Felipe Bacellar Filho
Fernando Rossi	Sérgio Guerra
Flávio Henrique Unes Pereira	Walber de Moura Agra

FÓRUM
CONHECIMENTO JURÍDICO

Luís Cláudio Rodrigues Ferreira
Presidente e Editor

Coordenação editorial: Leonardo Eustáquio Siqueira Araújo / Aline Sobreira de Oliveira
Revisão: Vanessa Leão
Capa e projeto gráfico: Walter Santos
Diagramação: Formato Editoração

Rua Paulo Ribeiro Bastos, 211 – Jardim Atlântico – CEP 31710-430
Belo Horizonte – Minas Gerais – Tel.: (31) 99412.0131
www.editoraforum.com.br – editoraforum@editoraforum.com.br

Técnica. Empenho. Zelo. Esses foram alguns dos cuidados aplicados na edição desta obra. No entanto, podem ocorrer erros de impressão, digitação ou mesmo restar alguma dúvida conceitual. Caso se constate algo assim, solicitamos a gentileza de nos comunicar através do *e-mail* editorial@editoraforum.com.br para que possamos esclarecer, no que couber. A sua contribuição é muito importante para mantermos a excelência editorial. A Editora Fórum agradece a sua contribuição.

Dados Internacionais de Catalogação na Publicação (CIP) de acordo com ISBD

A485c	Amaral, Rosan de Sousa
	A construção da decisão judicial a partir do procedimento discursivo: do solipsismo judicial à legitimidade democrática / Rosan de Sousa Amaral. Belo Horizonte: Fórum, 2024.
	115p. 14,5x21,5cm
	ISBN impresso 978-65-5518-719-9
	ISBN digital 978-65-5518-714-4
	1. Função jurisdicional. 2. Solipsismo. 3. Facticidade e validade. 4. Habermas. 5. Estado Democrático de Direito. 6. Legitimidade. I. Título.
	CDD: 340
	CDU: 34

Ficha catalográfica elaborada por Lissandra Ruas Lima – CRB/6 – 2851

Informação bibliográfica deste livro, conforme a NBR 6023:2018 da Associação Brasileira de Normas Técnicas (ABNT):

AMARAL, Rosan de Sousa. *A construção da decisão judicial a partir do procedimento discursivo*: do solipsismo judicial à legitimidade democrática. Belo Horizonte: Fórum, 2024. 115p. ISBN 978-65-5518-719-9.

Ao Estado Democrático de Direito brasileiro.

AGRADECIMENTOS

Primeiramente, a Deus, em seguida, à minha família (Magali, Eloisa e Carolina) pela paciência de minhas ausências física e emocional, e ao meu sócio na advocacia, Gabriel Monteiro Caxito, por liderar o escritório nesse período.

Tecnicamente, meus agradecimentos à Professora Letícia Ribeiro e ao Professor Bruno Bernardes, pelas críticas e observações, sem as quais não chegaria ao ponto final desta obra.

SUMÁRIO

PREFÁCIO
Marcelo Barroso Lima Brito de Campos 11

APRESENTAÇÃO 15

INTRODUÇÃO 17

CAPÍTULO 1
DECISÃO JUDICIAL E TEORIA DISCURSIVA: UMA
INTERPRETAÇÃO PARTICIPATIVA E LEGÍTIMA DO DIREITO 21

1.1 O direito a partir da teoria discursiva: a tensão entre
     facticidade e validade e a integração social 21

1.2 Facticidade e validade 28

1.3 A democracia radical e a exigência de uma interpretação
     jurídica participativa 37

1.4 A razão comunicativa e o agir comunicativo: a legitimidade
     democrática na formação do direito 43

CAPÍTULO 2
O MODELO SOLIPSISTA DA DECISÃO JUDICIAL E A LEGALIDADE
DO POSITIVISMO JURÍDICO 47

2.1 O positivismo jurídico e a legalidade: a premissa solipsista e a
     validade das decisões judiciais 48

2.2 Das normas morais às normas jurídicas: razão prática e direito
     positivo 64

CAPÍTULO 3
LEGITIMIDADE DEMOCRÁTICA E AS DECISÕES JUDICIAIS 69

3.1 A indeterminação do direito e a hermenêutica: a teoria dos
     discursos jurídicos 70

3.2 O papel do cidadão no Estado: da razão prática à razão
     comunicativa 81

3.3	A análise paradigmática do direito e a exigência de procedimentos democráticos inclusivos em Habermas...............	86
3.3.1	Procedimentos democráticos..	88
3.3.2	Análise paradigmática do direito...	93
3.4	Direito e democracia: aspectos críticos à reconstrução habermasiana e ao paradigma procedimental............................	100

CONCLUSÃO 107

REFERÊNCIAS.. 111

PREFÁCIO

Com muita honra recebo e aceito o convite de prefaciar esta importante obra, que certamente contribuirá para socializar com qualidade o conhecimento sobre a "Construção da decisão judicial a partir do procedimento discursivo: do solipsismo judicial à legitimidade democrática."

Releva destacar que não se trata de um escrito desprovido de conteúdo ou feito às pressas para atender aspectos mercadológicos apenas.

Trata-se de um livro escrito após intensa participação e pesquisa do autor no Programa de Pós-graduação *stricto sensu* em Direito da Universidade FUMEC. O livro é fruto da dissertação de mestrado do autor.

O autor se dedicou com afinco a pesquisar o tema objeto do livro no seu curso de mestrado em Instituições Sociais, Direito e Democracia, na linha de pesquisa da esfera pública, legitimidade e controle, em Direito Público.

Com efeito, é digno de nota a participação do autor deste livro nas disciplinas ministradas por este professor, especialmente naquelas relacionadas ao Direito Constitucional e Administrativo, sempre com intervenções seguras, pertinentes e percucientes.

Também convém registrar pelo subscritor deste prefácio, na condição de orientador do então mestrando Rosan de Sousa Amaral, a atenção, a preocupação e a dedicação, mas, principalmente, o denodo com que o mesmo escreveu sobre o tema.

A coragem de Rosan de Sousa Amaral em adotar como marco teórico de referência uma das sumidades da sociologia aplicada à filosofia jurídica atual, Jürgen Habermas, e sua teoria procedimental discursiva, desenhada no paradigma do Estado Democrático de Direito, é louvável. Nessa senda, o autor deste livro discorre magistralmente e em linguagem acessível, sem perder a dimensão da complexidade do referencial teórico, sobre o pensamento habermasiano e a sua aplicabilidade na decisão judicial.

O pensamento procedimental discursivo percebe no discurso de aplicação da norma, a necessidade de participação legítima e democrática dos atores do processo judicial. Não há espaço para uma decisão solipsista e distante da realidade dos envolvidos no processo judicial. Uma decisão que possibilite uma efetiva participação dos seus destinatários, por meio do discurso é mais efetiva e compatível com a dimensão democrática do paradigma de Estado.

O brocardo da mihi factum, dabo tibi ius, que nas cadeiras da graduação em Direito se aprende na tradução livre, segundo a qual se deve dar ao juiz os fatos, que ele lhe dará o direito, não é suficiente para resolver os conflitos numa sociedade complexa e de uma modernidade líquida na linha do pensamento de Zygmunt Bauman. É preciso que as partes de um processo judicial participem e sejam de fato ouvidas, a fim de que a decisão consiga entregar a máxima efetividade na jurisdição.

O livre convencimento motivado do juiz, não mais constitui um princípio, no qual o juiz é o destinatário do convencimento. O livre convencimento interpretado na teoria procedimental discursiva é aquele em que o juiz deve convencer às partes de que sua decisão é a melhor, porquanto enfrentou, no discurso e no procedimento, todos os argumentos e aplicou o Direito construído de forma democrática.

A sociedade atual demanda empatia e alteridade, de modo que o juiz deve se colocar no lugar das partes para entender o que elas postulam e revelar ou desvelar a Justiça na aplicação do Direito, por meio da solução dos conflitos.

O arrojo do autor não se limita a esse aspecto, eis que na sua banca de mestrado se dispôs a ser avaliado por uma das maiores autoridades do pensamento habermasiano no Direito brasileiro, o Professor e Desembargador Federal Álvaro Ricardo de Souza Cruz. Após intensa sabatina, logrou êxito em sua aprovação e se sagrou mestre em Direito. Tudo isso legitima a presente obra e a credencia para se tornar uma referência de pesquisa aos interessados.

A qualidade do livro retrata seu autor, Rosan de Sousa Amaral, multiprofissional e polímata.

O elevado nível de pesquisa refletido no livro é fruto das inquietações do mestre pela Universidade FUMEC, Rosan de Sousa Amaral, que apresenta à sociedade, em parceria com a excelência da Editora Fórum, uma obra nos melhores padrões acadêmicos.

As práticas externadas no livro são fruto da experiência do excelente advogado Dr. Rosan de Sousa Amaral, que nos brinda com sua empiria. Certamente que a combatividade e a lida advocatícia estão presentes no livro, proporcionando ao leitor um entendimento aprazível e condizente com a realidade.

O tempo que o autor dedicou à produção da obra não foi retirado do convívio de seus familiares, porquanto nota-se que eles estão representados no livro pelo amor e carinho com que foi escrito.

Em epílogo, renovo os agradecimentos de prefaciar este livro e desejo aos leitores que apreciem, sem moderação, os ensinamentos do autor.

Belo Horizonte, dezembro de 2023.

Marcelo Barroso Lima Brito de Campos

Pós-doutor em Direito Tributário (UFMG). Doutor em Direito Público (PUC Minas). Mestre em Administração Pública pela Escola de Governo da Fundação João Pinheiro (FJP-MG). Bacharel em Direito (UFMG). Professor do Mestrado e da Graduação de Direito Previdenciário, Direito Administrativo, Direito Constitucional e Direito Tributário (Universidade FUMEC). Professor da Escola da Magistratura Federal do Paraná (ESMAFE-PR). Associado Benemérito e Conselheiro do Instituto Brasileiro de Direito Previdenciário (IBDP). Professor do Instituto de Estudos Previdenciários.

APRESENTAÇÃO

A função jurisdicional constitucional do Estado Democrático de Direito relaciona-se às interações estabelecidas entre as variáveis direito e política, Estado e sociedade. Nesse sentido, a forma como ocorrem as relações entre o direito e a política podem, ou não, contribuir para o aprofundamento democrático das funções exercidas pelo Estado entre as quais se destaca a função jurisdicional, exercida por meio das decisões judiciais. Ocorre que, por vezes, as decisões judiciais têm seus fundamentos alicerçados em argumentos discricionários e subjetivos, que indicam a adoção de um modelo solipsista judicial. Considerando-se a tensão existente entre a facticidade e a validade na democracia, o papel de integração social do direito e que a reinterpretação procedimental da democracia legitima o Estado Democrático de Direito, indaga-se: como os pressupostos da decisão judicial podem se afastar do modelo solipsista, a fim de legitimá-la democraticamente? Como hipótese, afirma-se que a teoria discursiva pode conferir legitimidade democrática à decisão judicial, afastando, dessa forma, a consideração do modelo solipsista. A pesquisa está inserida na linha *Esfera pública, legitimidade e controle*, da área de concentração "Instituições sociais, direito e democracia", que tem como objeto de estudo a compreensão do pano de fundo das teorias democráticas em que as normas jurídicas são produzidas, aplicadas e compreendidas, e, como objetivo geral, busca analisar os fundamentos e pressupostos aptos a conferirem legitimidade democrática à decisão judicial. Assim, utilizar-se-á como marco teórico a teoria discursiva e a noção de democracia procedimental de Jürgen Habermas. O trabalho foi desenvolvido a partir de pesquisa bibliográfica estrangeira e nacional e é de perspectiva interdisciplinar, pois conjuga Filosofia do Direito, Teoria do Direito, Hermenêutica Jurídica e Direito Constitucional. Como resultado, a pesquisa constatou que a aplicação da teoria discursiva na construção de uma decisão judicial confere legitimidade democrática ao direito e à própria decisão judicial por meio da consideração da interpretação participativa dos envolvidos no procedimento, o que atende aos pressupostos democráticos inerentes ao Estado Democrático de Direito.

INTRODUÇÃO

> *"Não dá para viver no mundo*
> *sem uma ideia do mundo"*
> (Kushner, 2013).

A função jurisdicional constitucional do Estado Democrático de Direito relaciona-se às interações estabelecidas entre as variáveis direito e política, Estado e sociedade. Nesse sentido, a forma como ocorrem as relações entre o direito e a política podem, ou não, contribuir para o aprofundamento democrático das funções exercidas pelo Estado, dentre as quais se destaca a função jurisdicional, exercida por meio das decisões judiciais.

Ocorre que, por vezes, as decisões judiciais têm seus fundamentos alicerçados em argumentos discricionários e subjetivos, que indicam a adoção de um modelo solipsista judicial.

Considerando-se a tensão existente entre a facticidade e a validade na democracia, o papel de integração social do direito e que a reinterpretação procedimental da democracia legitima o Estado Democrático de Direito, indaga-se: como os pressupostos da decisão judicial podem se afastar do modelo solipsista, a fim de legitimá-la democraticamente?

Como hipótese, afirma-se que a teoria discursiva pode conferir legitimidade democrática à decisão judicial, afastando, dessa forma, a consideração do modelo solipsista.

A exigência de procedimentos democráticos radicalmente inclusivos, de forma a permitir que todos os concernidos possam participar dos processos discursivos de produção normativa, traz novas perspectivas teóricas para a análise do problema da legitimidade democrática das decisões judiciais.

Como objetivo geral, esta pesquisa busca analisar os fundamentos e pressupostos aptos a conferir legitimidade democrática à decisão judicial.

Para tanto, faz-se necessário apresentar as interfaces da teoria discursiva e o tema- problema, explicitando, em especial, as implicações da consideração dos conceitos da razão comunicativa e da democracia radical, bem como contrapor as considerações da aplicação da teoria discursiva com o modelo solipsista judicial e seus pressupostos, em especial, o positivismo jurídico e a legalidade; e, por fim, relacionar a legitimidade do direito à teoria discursiva de Habermas, destacando o problema da legitimidade democrática das decisões judiciais.

Assim, utilizar-se-á como marco teórico a teoria discursiva e a noção de democracia procedimental de Jürgen Habermas.

Jürgen Habermas nasceu em 18 de junho de 1929, na cidade de Dusseldorf, Alemanha. Doutorou-se em filosofia pela Universidade de Bonn, em 1954. Aos 27 anos, Habermas tornou- se assistente de ensino de Theodor Adorno, um dos principais pensadores do século XX e um dos fundadores da Escola de Frankfurt.

No Instituto de Pesquisa Social da Escola de Frankfurt, Jürgen Habermas filiou-se intelectualmente à teoria crítica, linha teórica desenvolvida pelos pensadores frankfurtianos. O filósofo realizou várias pesquisas empíricas sobre temas políticos na década de 1960 e é considerado um filósofo pragmatista, por suas teorias acerca da linguagem e da necessidade de aplicação e aceitação prática de uma teoria.

Em 1962, Habermas publicou seu primeiro livro (Mudança estrutural na esfera pública) e, em 1963, publicou seu segundo livro (Teoria e prática). Mudou-se para Nova York em 1968 para lecionar na *New School for Social Research*, onde também compôs o quadro docente a filósofa Hannah Arendt, o economista inglês John Maynard Keynes e o antropólogo belga Claud-Lévi Strauss.

Em 1971, Jürgen Habermas regressou para a Alemanha, onde dirigiu o Instituto Max Planck. Em 1983 passou a lecionar na Universidade *Johann Wolfgang von Goethe* em Frankfurt, onde se aposentou em 1994. Com 94 anos, Habermas continua a pesquisar, escrever e promover palestras.

Por meio do método de pesquisa bibliográfica, com metodologia jurídico-sociológica e raciocínio hipotético-dedutivo, essa pesquisa se propõe a redesenhar e a reconstruir a decisão judicial a partir do procedimento discursivo e procedimental proposto por Habermas.

A pesquisa foi desenvolvida em três capítulos, seguidos da conclusão.

O capítulo um inicia com a exposição da tensão existente entre a facticidade, a validade e a integração social. A compreensão da tensão entre facticidade e validade é observada em seguida, em razão da sua relação com a integração social do direito e a legitimidade das decisões. O referido capítulo apresenta, ainda, a conexão entre direito e política, ao abordar a exigência de uma interpretação jurídica participativa dentro dos parâmetros de uma democracia radical, destacando a diferença entre o direito clássico e o contemporâneo.

No segundo capítulo, a pesquisa perpassa pelo modelo solipsista de decisão judicial, destacando sua ausência de legitimidade democrática face à interpretação subjetiva do positivismo jurídico, expondo o vínculo entre a busca da validade do direito (legitimidade) e a racionalidade a partir da teoria da ação comunicativa. No referido capítulo, também são indagadas a aplicação das normas e a busca pela segurança jurídica com decisão judicial conformada pelo direito, dissociada da discricionaridade e da subjetividade. Ainda no mencionado capítulo, a pesquisa analisa as normas morais e jurídicas no direito válido, bem como a legitimação da positivação do direito a partir da participação social pela institucionalização jurídica da formação pública da opinião.

No terceiro capítulo, a pesquisa analisa as decisões judiciais e a legitimidade democrática, incluindo-se a estabilização de expectativas de comportamento por meio do direito e a necessidade de um procedimento racional apto a legitimar a lei. Também são expostos os debates acerca da decisão correta e a validade jurídica de uma decisão, a segurança jurídica e as expectativas de comportamento. No mencionado capítulo, a pesquisa busca identificar a hermenêutica jurídica e o modelo processual de interpretação, os princípios e as regras, e a interpretação construtiva como empreendimento comum dentro de uma comunidade de iguais. Ao final, essa pesquisa analisa a ruptura com o direito clássico decorrente da inclusão da moral junto à norma positivada na aplicação do direito e a análise paradigmática do direito em face a exigência de procedimentos democráticos.

Esta obra também confronta as críticas à aplicação da teoria discursiva procedimental no direito brasileiro, bem como as virtudes da teoria discursiva aplicada.

Quanto à normalização, esta obra, fruto de minha dissertação de mestrado, seguiu as diretrizes das "Normas para redação de trabalhos acadêmicos, dissertações e teses" da Universidade FUMEC,[1] acrescidas das alterações e atualizações contidas na segunda edição das NBR 6023[2] e 10520,[3] bem como o observado por Miracy Barbosa de Gustin, Maria Tereza Fonseca Dias e Camila Silva Nicácio.[4]

Ainda sobre a obra, esta foi desenvolvida a partir de pesquisa bibliográfica estrangeira e nacional, e é de perspectiva interdisciplinar, pois conjuga Filosofia do Direito, Teoria do Direito, Hermenêutica Jurídica e Direito Constitucional.

---

[1] OLIVEIRA, Luiz Cláudio Vieira de; CORRÊA, Osvaldo Manoel. *Normas para redação de trabalhos acadêmicos, dissertações e teses*. 2. ed. rev. Belo Horizonte: Universidade FUMEC, 2008. Disponível em: http://www.fumec.br/anexos/a_fumec/bibliotecas/livro_de_normas.pdf. Acesso em 1 ago. 2023.

[2] ASSOCIAÇÃO BRASILEIRA DE NORMAS TÉCNICAS. *ABNT NBR 6023*: informação e documentação: referências: elaboração. 2. ed. Rio de Janeiro: ABNT, 2018.

[3] ASSOCIAÇÃO BRASILEIRA DE NORMAS TÉCNICAS. *ABNT NBR 10520*: informação e documentação: citações em documentos: apresentação. 2. ed. Rio de Janeiro: ABNT, 2023.

[4] GUSTIN, Miracy Barbosa de; DIAS, Maria Tereza Fonseca; NICÁCIO, Camila Silva. *(Re) pensando a pesquisa jurídica*: teoria e prática. 5. ed. rev., ampl. e atual. São Paulo: Almedina, 2020.

CAPÍTULO 1

DECISÃO JUDICIAL E TEORIA DISCURSIVA: UMA INTERPRETAÇÃO PARTICIPATIVA E LEGÍTIMA DO DIREITO

Na teoria discursiva proposta por Habermas, a interpretação participativa do Direito é que tornaria legítima sua aplicação e construção, o que, por sua vez, seria possível por meio de procedimento discursivo-inclusivo, permeado pelos direitos fundamentais. Para Habermas, segundo a compreensão de Walber Agras, "os direitos fundamentais, dentro da ótica do agir comunicativo, passam a ser vistos como requisitos procedimentais para a interação comunicativa, sem a contingência de apresentar uma validade metafísica",[5] já que os direitos fundamentais dispensariam a necessidade de fundamentação na metafísica.

1.1 O direito a partir da teoria discursiva: a tensão entre facticidade e validade e a integração social

A partir da Escola de Frankfurt, que, no início do século XX, introduziu na pesquisa da ciência jurídica estudos de pensamento filosófico, sociológico e até da psicanálise, surgiu a Teoria Crítica, que teve como um de seus expoentes o filósofo alemão Jürgen Habermas.

Segundo Renato Toller Bray, "Horkheimer e Adorno, da primeira geração, e Jürgen Habermas, da segunda geração, tinham como

---

[5] AGRAS, Walber. Habermas e a teoria da legitimidade da jurisdição constitucional. *Revista Direitos Fundamentais & Justiça*, Porto Alegre/RS, n. 3, abr./jun. 2008. p. 70.

objeto de estudo, notadamente, a crítica ao positivismo, a discussão da indústria cultural, a questão do Estado e suas formas de legitimidade".[6]

Esta pesquisa encontrou em Habermas a justificação teórica apta a fundamentar os atos estatais de forma legítima, em observância ao Estado Democrático de Direito no pós- positivismo constitucional, razão pela qual a teoria da ação comunicativa foi adotada como marco teórico.

A denominada teoria da ação comunicativa, desenvolvida por meio de um amplo debate e diálogo teórico de diversos matizes, é uma teoria voltada aos processos de racionalização e de integração da sociedade fundamentada a partir de uma premissa linguística. Dessa forma, por meio da análise da teoria da ação comunicativa é possível depreender as bases da teoria discursiva desenvolvida por Jürgen Habermas.

Para Delmar José Dutra, Habermas tem ponto suporte em Ronald Dworkin (integridade) no desenvolvimento da racionalidade da jurisdição contemporânea.[7]

Sobre as diversas interlocuções teóricas da teoria habermasiana, esclarece Andréa Alves de Almeida[8] que, ao analisar várias teorias sociológicas e sistemas filosóficos, Habermas propôs a superação da crise da tradição e da autoridade por meio do rompimento da filosofia da consciência e das concepções voluntaristas ou subjetivistas do Estado, complementando que, para tanto, a construção da sua teoria foi fundamentada, justamente, na reconstrução dessas doutrinas sociológicas e filosóficas a partir da consideração da razão comunicativa.

Nesse sentido, sua teoria fundamenta-se na razão comunicativa que, segundo Habermas,[9] conserva sua formação teórica no *medium*

---

[6] BRAY, Renato Toller. A relação de Habermas com a Escola de Frankfurt: influência, distanciamento e contribuição. *Cadernos Jurídicos*, São Paulo, a. 1, v. 1, n. 1, p. 165-182, 2010. p. 167. Disponível em: https://ria.ufrn.br/jspui/handle/123456789/1167. Acesso em 1 ago. 2023.

[7] Segundo Dutra, em Habermas, a racionalidade da jurisdição deve cumprir simultaneamente o predicado da segurança e da legitimidade. Nesse sentido, ele encontra, na teoria da interpretação construtiva de Dworkin, um fio condutor para realizar essa tarefa. Assim entendido, o modelo de Dworkin assegura "integridade e condições de reconhecimento que garantem a cada parceiro do direito igual respeito e consideração". (DUTRA, Delmar José. A teoria discursiva da aplicação do direito: o modelo de Habermas. *Veritas*, Porto Alegre, v. 51, n. 1, p. 18-41, mar. 2006. p. 19. Disponível em: https://revistaseletronicas.pucrs.br/ojs/index.php/veritas/article/download/1880/1401/. Acesso em 1 ago. 2023).

[8] ALMEIDA, Andréa Alves de. *Processualidade jurídica e legitimidade normativa*. Belo Horizonte: Fórum, 2005. p. 36.

[9] HABERMAS, Jürgen. *Facticidade e validade*: contribuições para uma teoria discursiva do direito e da democracia. (Trad. Felipe Gonçalves e Rúrion Melo). 2. ed. São Paulo: Unesp, 2021. p. 35.

linguístico, que, por sua vez, estaria desvinculado de um caráter estritamente moral.

A razão comunicativa, portanto, permitiria uma nova relação entre as variáveis da razão e da prática social; para além das problematizações normativas, orientadoras das ações individuais.[10]

Diferentemente da razão prática, na condição de faculdade subjetiva e do normativismo do direito racional, ancorados na filosofia do sujeito, a razão comunicativa considera, portanto, o *medium* linguístico como fundamento para as interações e as formas de vida.[11]

Isso, porque a consideração da razão prática como um caminho e da filosofia prática como um guia, impunha, segundo apresenta Habermas, uma suposição indissociável entre indivíduos e sociedade, em um sentido normativo e convergente que conectaria de forma frágil, Estado, sociedade e indivíduos:

> Os vestígios do normativismo do direito racional se perdem, assim, em um trilema, uma vez que não podemos reaver o teor de uma razão prática implodida na sua forma da filosofia do sujeito nem na teologia da história, nem na constituição dos homens e nem fundamentá-lo no recurso contingente de tradições bem-sucedidas.[12]

Para Habermas,[13] dessa forma, seria necessário considerar um novo caminho em substituição à razão prática, a fim de superar esse fundo casual de tradições bem-sucedidas.[14]

---

[10] HABERMAS, Jürgen. *Facticidade e validade*: contribuições para uma teoria discursiva do direito e da democracia. (Trad. Felipe Gonçalves e Rúrion Melo). 2. ed. São Paulo: Unesp, 2021. p. 35.

[11] HABERMAS, Jürgen. *Facticidade e validade*: contribuições para uma teoria discursiva do direito e da democracia. (Trad. Felipe Gonçalves e Rúrion Melo). 2. ed. São Paulo: Unesp, 2021. p. 35.

[12] HABERMAS, Jürgen. *Facticidade e validade*: contribuições para uma teoria discursiva do direito e da democracia. (Trad. Felipe Gonçalves e Rúrion Melo). 2. ed. São Paulo: Unesp, 2021. p. 35.

[13] HABERMAS, Jürgen. *Facticidade e validade*: contribuições para uma teoria discursiva do direito e da democracia. (Trad. Felipe Gonçalves e Rúrion Melo). 2. ed. São Paulo: Unesp, 2021. p. 35.

[14] Nesse aspecto, Jürgen Habermas (HABERMAS, Jürgen. *Facticidade e validade*: contribuições para uma teoria discursiva do direito e da democracia. (Trad. Felipe Gonçalves e Rúrion Melo). 2. ed. São Paulo: Unesp, 2021. p. 28) supera a filosofia materialista da história de Karl Marx pelo crivo da juridicidade e dos direitos humanos, a partir da linguagem. Segundo expõe, Andréa Alves de Almeida, Habermas reformula o conceito da emancipação humana, rompendo com os conceitos estruturais da teoria marxista, produto e trabalho, a partir da propositura da ação comunicativa. (ALMEIDA, Andréa Alves de. *Processualidade jurídica e legitimidade normativa*. Belo Horizonte: Fórum, 2005. p. 38).

A legitimidade do direito a partir da razão prática seria proveniente da aplicação jurisdicional do direito positivado e, para superar as lacunas, justificar-se-iam a aplicação e a utilização de fundamentos discricionários e subjetivos por meio de uma sobreposição do direito natural, antevisto pela carga moral do decisor.

A ação comunicativa, como indica Rogério Garcia Mesquita, apresenta-se, nesse sentido, como outro fundamento apto a legitimar o direito:

> Consequência disso é que não se admite a subordinação do direito positivo ao direito natural. É descartada a possibilidade do direito positivo buscar legitimidade no Direito Natural Racional, já que as leis dependem, necessariamente, do discurso prévio entre todos os envolvidos, especialmente os diretamente afetados pela ação legislativa.[15]

Essa incompreensão e junção ao direito natural traria um vício original na criação do direito como sistema normativo, já que este não é elaborado por juízes e juristas, mas pelos órgãos que são legitimados pelo próprio sistema a produzi-lo.[16]

Todavia, o surgimento de lacunas preenchidas pela discricionariedade e subjetividade estaria assentado na desconexão da fundamentação entre a facticidade e a historicidade trazidas pelas partes.

Luiz Moreira, em seu livro "Fundamentação do Direito em Habermas", apresenta uma síntese da distinção entre a razão prática e a razão comunicativa a partir do meio linguístico:

> A razão prática está associada a um padrão interpretativo que se entende a partir da singularidade. Mesmo quando busca a pluralidade, o modelo é o sujeito, ampliadas suas dimensões. Como faculdade subjetiva, a razão prática perpassa a totalidade da constituição social, uma vez que o quadro conceitual é dado a partir de um sujeito solipsista. [...] Por outro lado, a razão comunicativa insere-se no telos do entendimento a partir do 'medium' linguístico. No ato de linguagem, isto é, com a fala, buscamos o entendimento com alguém sobre algo no mundo. Na busca desse entendimento, adotamos um enfoque performativo, ou seja, uma performance, o que implica a aceitação de certos pressupostos. Mais

---

[15] MESQUITA, Rogério Garcia. Habermas e a teoria discursiva do direito. *Perspectiva*, Erechim, v. 36, p. 41-42, jun. 2012. p. 42. Disponível em: https://www.uricer.edu.br/site/pdfs/perspectiva/134_270.pdf. Acesso em 1 ago. 2023.

[16] GONÇALVES, Aroldo Plínio. *Técnica processual e teoria do processo*. Belo Horizonte: Del Rey, 2016. p. 27.

precisamente, adotamos as seguintes pretensões universais de validade: o falante tem de expressar-se de modo a se fazer compreender; sua comunicação se faz por meio de um conteúdo proposicional verdadeiro, isto é, ele dá a entender algo; suas intenções são expressas verazmente de modo que se firme um entendimento a partir do que é comunicado; e sua manifestação tem que ser correta para que seja possível o entendimento.[17]

Para Habermas, somente a presença da facticidade e historicidade para dar força à "motivação para a ação":

> [...] normatividade e racionalidade se interseccionam no campo da fundamentação de discernimentos morais que foram conquistados em atitude hipotética e carregam apenas a fraca força de motivações racionais, mas em todo caso são incapazes de garantir por si mesmas que seus discernimentos poderão servir como motivação para a ação.[18]

Ao participar de uma discussão, os participantes aceitam de forma intersubjetiva pretensões de validade criticáveis e, por consequência, admitem os aspectos vinculantes que resultam de um consenso, com reflexos relevantes para a interação.[19]

Dirceu Siqueira e Bruna de Souza, em artigo sobre audiências públicas no Poder Judiciário, extraíram a seguinte compreensão sobre a ação comunicativa:

> Nesse sentido, Habermas busca com o agir comunicativo satisfazer condições de entendimento e cooperação, em que os atores participantes comportam-se de modo cooperativo e tentam colocar seus planos em sintonia com os outros, por meio de interpretações comuns da situação, além de visar com que os atores envolvidos estejam dispostos a alcançar objetivos mediatos da definição comum da situação e da coordenação da ação, apropriando-se dos papéis de falantes e ouvintes nos processos de entendimento.[20]

---

[17] MOREIRA, Luiz. *Fundamentação do direito em Habermas*. Belo Horizonte: Mandamentos, 2004. p. 100- 101.

[18] HABERMAS, Jürgen. *Facticidade e validade*: contribuições para uma teoria discursiva do direito e da democracia. (Trad. Felipe Gonçalves e Rúrion Melo). 2. ed. São Paulo: Unesp, 2021. p. 37.

[19] HABERMAS, Jürgen. *Facticidade e validade*: contribuições para uma teoria discursiva do direito e da democracia. (Trad. Felipe Gonçalves e Rúrion Melo). 2. ed. São Paulo: Unesp, 2021. p. 36.

[20] SIQUEIRA, Dirceu Pereira; SOUZA, Bruna Caroline Lima de. Audiências públicas no poder judiciário e os direitos da personalidade: uma análise à luz das teorias de Jürgen Habermas e Peter Häberle. *Revista Meritum*, Belo Horizonte, v. 16, n. 3, p. 150-167, 2021. p. 156.

A comunicação, desse modo, pressuporia uma conjugação de performance e de pressuposições. Essa estrutura também seria refletida nas formas de vida de modo descentralizado, como explica Habermas:

> Quem sempre se vale de uma linguagem natural para se entender como um destinatário sobre algo no mundo se vê obrigado a assumir uma atitude performativa e aceitar determinadas pressuposições. [...] O que é aceito deste modo na base da validade do discurso também é compartilhado nas formas de vida reproduzidas mediante a ação comunicativa. A racionalidade comunicativa se manifesta em um contexto descentralizado de condições transcendentalmente possibilitadoras, estruturantes e impregnantes, porém ela não é uma faculdade subjetiva que possa dizer aos atores o que devem fazer.[21]

A lógica é um instrumento na verificação e na correção dos temas de qualquer argumento da ciência. Também é um instrumento para um raciocínio na busca do conhecimento.

Para Aroldo Plínio Gonçalves, a lógica observa os critérios de aferição da verdade e falsidade apenas na estrutura dos argumentos, a lógica não participa da estrutura das preposições. O processo de inferência se desenvolve no argumento.[22]

No entanto, até aqui, no desenvolvimento desta pesquisa, enfocou-se em uma abordagem acerca das premissas da teoria da ação comunicativa para a formação individual da vontade, sendo necessária uma compreensão funcional da teoria discursiva para fundamentar como seria possível a superação do direito positivo a partir de uma moral balizada por princípios, em um sentido de co-originariedade e complementaridade entre a moral e o direito, apta à legitimidade democrática.

Para Jürgen Habermas, a teoria discursiva do direito – e do Estado de Direito – tem de ultrapassar os caminhos convencionais da filosofia do direito e do Estado, para superar suas problemáticas,[23] já que,

---

[21] HABERMAS, Jürgen. *Facticidade e validade*: contribuições para uma teoria discursiva do direito e da democracia. (Trad. Felipe Gonçalves e Rúrion Melo). 2. ed. São Paulo: Unesp, 2021. p. 36.

[22] GONÇALVES, Aroldo Plínio. *Técnica processual e teoria do processo*. Belo Horizonte: Del Rey, 2016. p. 33.

[23] Cf.: "A teoria discursiva do direito – e do Estado de direito – terá de romper os percursos convencionais da filosofia do direito e do Estado, mesmo se incorporar suas problemáticas". (HABERMAS, Jürgen. *Facticidade e validade*: contribuições para uma teoria discursiva do

[...] a abordagem da teoria do discurso foi talhada para a formação individual da vontade, demonstrando seu valor no domínio da filosofia moral e da ética. Mas [...] é possível fundamentar por que a forma pós-tradicional de uma moral conduzida por princípios aponta para uma complementação pelo direito positivo.[24]

Afinal, a problemática, segundo Habermas, advém da "tensão entre abordagens normativas, que sempre correm o risco de perder o contato com a realidade social, e abordagens objetivistas, que se tornam cegas perante todos os aspectos normativos [...]".[25]

Ou seja, a teoria discursiva propõe a vinculação entre direito e moral de forma complementar e, ao abordar sobre a teoria do direito, na condição de teoria da jurisprudência e de teoria do discurso jurídico, Habermas pontua que:

> Ao direito como sistema de ação podemos atribuir a totalidade das interações reguladas por normas jurídicas [e o autor cita Luhmann que define o direito *in lato sensu* "como sistema social parcial, especializado na estabilização de expectativas de comportamento"]. Disso podemos distinguir o sistema de direitos em sentido mais estrito. A ele pertencem não apenas as interações que se orientam pelo direito, mas também aquelas destinadas a produzir direito novo e reproduzi-lo enquanto tal. Para a institucionalização do sistema jurídico nesse sentido, é necessária uma autoaplicação do direito na forma de regras secundárias, as quais constituem e transferem competências para produzir, aplicar e implementar o direito.[26]

E conclui Habermas a diferenciar a teoria do direito das teorias filosóficas da justiça:

> Diferentemente da filosofia, a teoria do direito não pode negligenciar todos aqueles aspectos que surgem da conexão entre direito e poder

---

direito e da democracia. (Trad. Felipe Gonçalves e Rúrion Melo). 2. ed. São Paulo: Unesp, 2021. p. 39).

[24] HABERMAS, Jürgen. *Facticidade e validade*: contribuições para uma teoria discursiva do direito e da democracia. (Trad. Felipe Gonçalves e Rúrion Melo). 2. ed. São Paulo: Unesp, 2021. p. 39.

[25] HABERMAS, Jürgen. *Facticidade e validade*: contribuições para uma teoria discursiva do direito e da democracia. (Trad. Felipe Gonçalves e Rúrion Melo). 2. ed. São Paulo: Unesp, 2021. p. 39.

[26] HABERMAS, Jürgen. *Facticidade e validade*: contribuições para uma teoria discursiva do direito e da democracia. (Trad. Felipe Gonçalves e Rúrion Melo). 2. ed. São Paulo: Unesp, 2021. p. 254-255.

político, em primeira linha, a questão da autorização jurídica para o emprego estatal da violência legítima. [...] A teoria do direito abarca também o legislador e a administração, vale dizer, todos os subsistemas que se ocupam da criação e produção do direito, assim como o sistema jurídico em sentido mais amplo. Ela se distingue da dogmática pela pretensão de alcançar uma teoria da ordem jurídica em seu todo. Nisso leva em consideração as perspectivas dos demais participantes, agregando os papéis do legislador político, da administração e dos parceiros do direito (tanto como clientes quanto como cidadãos).[27]

Portanto, o que Habermas propõe é que a Teoria Discursiva teria o condão de atingir a ordem jurídica como um todo e, no tema desta pesquisa, propor uma fundamentação das decisões judiciais que atenda às expectativas sociais, bem como atenue o conflito entre a facticidade e a validade, que serão observados no próximo item.

1.2 Facticidade e validade

Para a teoria habermasiana, a tensão entre facticidade e validade seria inerente ao direito e poderia ser observada ao se tratar o problema da racionalidade da jurisprudência,[28] mormente a relação entre a segurança jurídica e a legitimidade das decisões.[29]

Assim, ao tratar da forma como estaria presente a tensão entre facticidade e validade na categoria do direito, Habermas expõe:

[...] a tensão entre facticidade e validade se insere na categoria de direito, manifestando-se em ambas as dimensões da validade jurídica. O direito válido garante, por um lado, a imposição de expectativas de comportamento sancionadas estatalmente e, com isso, a segurança jurídica; por outro, processos racionais de positivação e aplicação do

---

[27] HABERMAS, Jürgen. *Facticidade e validade*: contribuições para uma teoria discursiva do direito e da democracia. (Trad. Felipe Gonçalves e Rúrion Melo). 2. ed. São Paulo: Unesp, 2021. p. 256.

[28] Para o autor, o termo indica um "inabarcável tecido de decisões passadas de legisladores e juízes, ou ainda de tradições do direito consuetudinário" (HABERMAS, Jürgen. *Facticidade e validade*: contribuições para uma teoria discursiva do direito e da democracia. (Trad. Felipe Gonçalves e Rúrion Melo). 2. ed. São Paulo: Unesp, 2021. p. 258).

[29] HABERMAS, Jürgen. *Facticidade e validade*: contribuições para uma teoria discursiva do direito e da democracia. (Trad. Felipe Gonçalves e Rúrion Melo). 2. ed. São Paulo: Unesp, 2021. p. 257.

direito prometem a legitimidade das expectativas de comportamento estabilizadas desse modo – as normas merecem obediência [...].[30]

Isso significa que, para Habermas, a ordem jurídica somente conseguiria cumprir sua função sociointegradora se fosse capaz de, simultaneamente, sustentar decisões consistentes, ou seja, seguras e racionalmente aceitáveis.[31]

Acerca da compreensão da tensão entre facticidade e validade, André Luiz Souza Coelho explicita:

A possibilidade de superar este hiato entre contextualidade e idealidade precisa ser remetida a um ponto sempre projetado no futuro e passa a depender da capacidade de mobilizar conhecimentos e razões com o fim de justificar intersubjetivamente que o contextual está à altura do ideal, isto é, que o que se sabe e se oferece nos limites do aqui e do agora é capaz de passar no teste das exigentes idealizações universais e provar-se válido e racionalmente aceitável.[32]

O direito positivo contemporâneo, nesse sentido, somente poderia incorporar a tensão entre facticidade e validade e legitimar-se por meio da teoria do agir comunicativo, conforme elucida Beclaute Oliveira Silva:

[...] a legitimidade (validade) decorre do resgate discursivo de uma pretensão de validade normativa surgida num processo legislativo racional – justificada sob o ponto de vista pragmático, ético e moral. A legitimidade prescinde de efetividade. Quanto mais ilegítima, maior o uso da força, intimidação, repressão.[33]

A partir da teoria do agir comunicativo, Luiz Moreira explica como seria possível a reprodução social nas pretensões de validade:

---

[30] HABERMAS, Jürgen. *Facticidade e validade*: contribuições para uma teoria discursiva do direito e da democracia. (Trad. Felipe Gonçalves e Rúrion Melo). 2. ed. São Paulo: Unesp, 2021. p. 258.

[31] HABERMAS, Jürgen. *Facticidade e validade*: contribuições para uma teoria discursiva do direito e da democracia. (Trad. Felipe Gonçalves e Rúrion Melo). 2. ed. São Paulo: Unesp, 2021. p. 258.

[32] COELHO, André L. S. Facticidade e validade no processo judicial. *In*: LIMA, Clóvis R. M. (Org.). *Anais do IX Colóquio Habermas*. Rio de Janeiro: Salute, 2014. p. 336.

[33] SILVA, Beclaute Oliveira. Teoria discursiva e seus reflexos no direito segundo o pensamento de Habermas. *Revista de Informação Legislativa*, Brasília, DF, a. 44, n. 172, jul./set. 2007. p. 194. Disponível em: https://www12.senado.leg.br/ril/edicoes/44/175/ril_v44_n175_p189. pdf. Acesso em 1 ago. 2023.

A explicação poder-se-ia apresentar a partir do Direito moderno, uma vez que, segundo sua mediação, faz-se possível o surgimento de comunidades artificiais, comunidades jurídicas (sociedades mercantis, Estados federativos, comunidades internacionais etc.), que, por sua vez, se compõem de membros livres e iguais, cuja sociabilidade resulta de uma pretensa ameaça de sanção e da suposição de um acordo racional a dar- lhe fundamento.[34]

Nesse sentido, Luiz Moreira lança sua compreensão sobre a aplicação da teoria discursiva na demonstração do reflexo da tensão entre facticidade e validade no direito:

> [...] os pensamentos são expressões por meio de proposições é que precisamos do 'medium' linguístico para expressarmos a distinção entre pensamentos e representações. Nisso consiste, para Habermas, que as expressões linguísticas tenham significado idêntico para os mais diversos usuários.[35]

As ideias no plano jurídico podem, nesse sentido, ser entendidas como princípios abarcados nas constituições e nos sistemas políticos. Podem, por conseguinte, ser consideradas como símbolos culturais incorporados em ordens jurídicas concretas a partir de interpretações jurídicas, enquanto as realidades jurídicas seriam aquelas consolidadas nas constituições e nos processos políticos.[36]

A partir dessa premissa, por serem os pensamentos expressados por meio de proposições, é que se torna necessário o meio linguístico para diferenciar pensamentos e representações. Ou seja, na tentativa de compatibilizar ideia e realidade, as decisões proferidas precisam satisfazer ao mesmo tempo às condições de consistência, no sentido de proporcionarem segurança jurídica, e de aceitabilidade racional, a fim de garantirem a dimensão da legitimidade.[37]

---

[34] MOREIRA, Luiz. *Fundamentação do direito em Habermas*. Belo Horizonte: Mandamentos, 2004. p. 103-104.

[35] MOREIRA, Luiz. *Fundamentação do direito em Habermas*. Belo Horizonte: Mandamentos, 2004. p. 105.

[36] HABERMAS, Jürgen. *Facticidade e validade*: contribuições para uma teoria discursiva do direito e da democracia. (Trad. Felipe Gonçalves e Rúrion Melo). 2. ed. São Paulo: Unesp, 2021. p. 253.

[37] HABERMAS, Jürgen. *Facticidade e validade*: contribuições para uma teoria discursiva do direito e da democracia. (Trad. Felipe Gonçalves e Rúrion Melo). 2. ed. São Paulo: Unesp, 2021. p. 258.

Isso, pois a tensão entre facticidade e validade imanente ao direito estaria acomodada na jurisprudência, que, por sua vez, seria antevista pela tensão entre o princípio da segurança jurídica e a pretensão de uma decisão correta,[38] pelo que Habermas propõe a adoção de princípios para a hermenêutica como meio de solução dos casos difíceis: "A indeterminação de um processo de compreensão circular pode ser progressivamente reduzida com a referência a princípios".[39]

É a moral da comunidade inserida na constituição como princípios. É a moral conexa com a norma positivada. São os princípios morais preconizados por Ronald Dworkin[40] a serem aplicados na solução dos casos difíceis.

Desse modo, Habermas indica que a teoria do direito, ao ser aplicada, manteria a premissa de uma perspectiva monológica, a partir da qual as decisões dos juízes estariam fundamentadas em um privilégio cognitivo que lhes permitiria chegar à "única decisão correta".[41]

Ao criticar esse papel de integridade que seria assumido pela figura dos juízes, Jürgen Habermas[42] adverte que na teoria discursiva, o juiz individual teria que considerar a comunicação pública dos cidadãos para conceber sua interpretação construtiva, fundamentando-a, nesse sentido, como um empreendimento comum (entre as partes de um processo).

Isso, porque o agir comunicativo exigiria uma linguagem orientada ao entendimento da função de coordenação da ação.[43] Nessa coordenação, a tensão entre facticidade e validade traria exigências para a

---

[38] HABERMAS, Jürgen. *Facticidade e validade*: contribuições para uma teoria discursiva do direito e da democracia. (Trad. Felipe Gonçalves e Rúrion Melo). 2. ed. São Paulo: Unesp, 2021. p. 257.

[39] HABERMAS, Jürgen. *Facticidade e validade*: contribuições para uma teoria discursiva do direito e da democracia. (Trad. Felipe Gonçalves e Rúrion Melo). 2. ed. São Paulo: Unesp, 2021. p. 260.

[40] DWORKIN, Ronald. *Levando os direitos a sério*. (Trad. Nelson Boeira). 3. ed. São Paulo: Martins Fontes, 2010. p. VIII.

[41] HABERMAS, Jürgen. *Facticidade e validade*: contribuições para uma teoria discursiva do direito e da democracia. (Trad. Felipe Gonçalves e Rúrion Melo). 2. ed. São Paulo: Unesp, 2021. p. 288.

[42] HABERMAS, Jürgen. *Facticidade e validade*: contribuições para uma teoria discursiva do direito e da democracia. (Trad. Felipe Gonçalves e Rúrion Melo). 2. ed. São Paulo: Unesp, 2021. p. 289-290.

[43] HABERMAS, Jürgen. *Facticidade e validade*: contribuições para uma teoria discursiva do direito e da democracia. (Trad. Felipe Gonçalves e Rúrion Melo). 2. ed. São Paulo: Unesp, 2021. p. 41.

manutenção das ordens sociais, na condição de uma formação teórica comprometida com objetivos explicativos.[44]

Para melhor compreensão da facticidade e validade no campo da linguagem, Habermas[45] apresenta a relação entre ambas as variáveis, evidenciando o papel teórico assumido pelas explicações psicológicas e sua relevância para a virada linguística.

Os argumentos e críticas colocados contra a psicologia empírica, segundo Habermas,[46] teriam afastado os pensamentos e os fatos de explicações empíricas afirmativas, concluindo o filósofo alemão que os pensamentos seriam estruturados de forma proposicional.

Ao explicar, no campo prático, o conceito de um mundo compartilhado intersubjetivamente pelo meio linguístico, Luiz Moreira elucida acerca da compreensão da teoria discursiva para a formação de conceitos e de juízos verdadeiros: "É a partir dessa estrutura que lhe vai ser possível articular o nexo entre mundo e comunidade de interpretação, uma vez que só tem sentido falar em mundo quando seus membros se entendem entre si em um mundo que é compartilhado intersubjetivamente".[47]

É na relação entre facticidade e validade que se constitui o entendimento mediado pela linguagem por meio da verdade, expondo como significados idênticos preservam-se na multiplicidade de empregos linguísticos, bem como a de explicar a transcendência das pretensões de validade.[48]

Ao tratar da estrutura proposicional dos pensamentos na ciência e na técnica jurídica, Aroldo Plínio Gonçalves traz luz a esse debate ao apresentar que o argumento dedutivo considera uma premissa ou proposição e, portanto, contém os elementos do juízo, na medida em

---

[44] HABERMAS, Jürgen. *Facticidade e validade*: contribuições para uma teoria discursiva do direito e da democracia. (Trad. Felipe Gonçalves e Rúrion Melo). 2. ed. São Paulo: Unesp, 2021. p. 42.

[45] HABERMAS, Jürgen. *Facticidade e validade*: contribuições para uma teoria discursiva do direito e da democracia. (Trad. Felipe Gonçalves e Rúrion Melo). 2. ed. São Paulo: Unesp, 2021. p. 42-43.

[46] HABERMAS, Jürgen. *Facticidade e validade*: contribuições para uma teoria discursiva do direito e da democracia. (Trad. Felipe Gonçalves e Rúrion Melo). 2. ed. São Paulo: Unesp, 2021. p. 43-44.

[47] MOREIRA, Luiz. *Fundamentação do direito em Habermas*. Belo Horizonte: Mandamentos, 2004. p. 107.

[48] MOREIRA, Luiz. *Fundamentação do direito em Habermas*. Belo Horizonte: Mandamentos, 2004. p. 108.

que considera que uma premissa seria uma proposição não isolada; pelo que, nenhum juízo tomado isoladamente seria uma conclusão.[49]

Nesse sentido, complementa Habermas: "Todo pensamento completo possui um estado de coisas como seu conteúdo determinado, que pode ser expresso em uma proposição enunciativa".[50] Destaca ainda que, além do aspecto factual, os pensamentos também precisariam ser complementados por um aspecto de validade, que não se confundiria com a veracidade: "[...] para além do teor enunciativo ou do conteúdo, todo pensamento exige uma outra determinação: pergunta-se se é verdadeiro ou falso".[51]

Nesse sentido, seria da essência da condição humana em sociedade o reconhecimento do lugar de fala. Para se compreender o conceito de lugar de fala,[52] revisita-se a filósofa Hanna Arendt:

> Pois em toda ação a intenção principal do agente, quer ele aja por necessidade natural ou vontade própria, é revelar sua própria imagem. Assim é que todo agente, na medida em que age, sente prazer em agir; como tudo o que existe deseja sua própria existência, e como, na ação, a existência do agente é, de certo modo, intensificada, resulta necessariamente o prazer [...]. Assim, ninguém age sem que (agindo) manifeste o seu eu latente.[53]

Com a citação de Dante Alighieri em seu livro "A condição humana", Hannah Arendt ilustra sua compreensão de que "a ação e o discurso são os modos pelos quais os seres humanos se manifestam uns aos outros, não como meros objetos físicos, mas enquanto homens". E completa: "É com palavras e atos que nos inserimos no mundo humano; e essa inserção é como um segundo nascimento, no qual confirmamos

---

[49] GONÇALVES, Aroldo Plínio. *Técnica processual e teoria do processo*. Belo Horizonte: Del Rey, 2016. p. 34.

[50] HABERMAS, Jürgen. *Facticidade e validade*: contribuições para uma teoria discursiva do direito e da democracia. (Trad. Felipe Gonçalves e Rúrion Melo). 2. ed. São Paulo: Unesp, 2021. p. 45.

[51] HABERMAS, Jürgen. *Facticidade e validade*: contribuições para uma teoria discursiva do direito e da democracia. (Trad. Felipe Gonçalves e Rúrion Melo). 2. ed. São Paulo: Unesp, 2021. p. 45.

[52] Sobre o conceito do lugar de fala e sua correlação com as circunstanciais sociais, Djamila Ribeiro aponta que o lugar social não seria determinado pela consciência discursiva sobre esse lugar, mas teria impacto nas experiências distintas e outras perspectivas vivenciadas pelo sujeito. (RIBEIRO, Djamila. *Lugar de fala*. São Paulo: Pólen, 2014. p. 69).

[53] ARENDT, Hannah. *A condição humana*. (Trad. Roberto Raposo). 10. ed. Rio de Janeiro: Forense Universitária, 2007. p. 188-189.

e assumimos o fato original e singular do nosso aparecimento físico original".[54]

O conceito de direito subjetivo tem destaque para a compreensão da concepção contemporânea do direito de Habermas; isso porque este seria exercido pela vontade livre e constituído com igual liberdade em uma comunidade de sujeitos de direito. O exercício desses direitos subjetivos teria, pois, espaço livre de cerceamento por parte dos entes estatais.

Segundo Walber Agras, em artigo intitulado "Habermas e a Teoria da Legitimidade da Jurisdição Constitucional", para serem concretizados de forma plena, os direitos subjetivos precisariam ser definidos por meio de uma ideia de reciprocidade, na qual cada cidadão seria corresponsável pelo exercício do direito de outrem, de forma que pudesse existir uma responsabilidade difusa em todo o ordenamento jurídico, como explica:

> Apenas em uma sociedade livre, onde os cidadãos possam discutir os seus interesses no espaço público, por meio de argumentos racionais, é que os seus direitos subjetivos podem ser realizados, devido à corresponsabilidade que existirá dentro das relações.[55]

Essa compreensão da facticidade e validade seria, nesse sentido, o instrumento para a prática do entendimento e um bloqueio contra as decisões *standards*[56] [57] que não alcançam o reconhecimento e a aceitação por falta de condições comunicativas da prática de argumentação com pretensões de validade.

A compreensão de Habermas da necessidade de uma democracia discursiva seria, nesse aspecto, um contraponto à democracia liberal e puramente representativa, conforme aponta Walber Agras:

> [...] é imprescindível que todos tenham acesso ao espaço público e possam participar do debate acerca das decisões. A democracia deixa

---

[54] ARENDT, Hannah. *A condição humana*. (Trad. Roberto Raposo). 10. ed. Rio de Janeiro: Forense Universitária, 2007. p. 189.

[55] AGRAS, Walber. Habermas e a teoria da legitimidade da jurisdição constitucional. *Revista Direitos Fundamentais & Justiça*, Porto Alegre/RS, n. 3, abr./jun. 2008. p. 69.

[56] Padrões aplicados em cada comunidade particular de intérpretes para tomada de posição com o sim e não.

[57] HABERMAS, Jürgen. *Facticidade e validade*: contribuições para uma teoria discursiva do direito e da democracia. (Trad. Felipe Gonçalves e Rúrion Melo). 2. ed. São Paulo: Unesp, 2021. p. 48.

de ser visualizada exclusivamente como democracia representativa, necessitando que as pretensões normativas passem por intensos debates públicos.[58]

Em seu livro "A ética da discussão e a questão da verdade", Habermas observa que na busca para lidar com um mundo objetivo, as pessoas (ou agentes) necessitam de certezas para evitar as surpresas e decepções. Os agentes utilizam do senso comum para realizar seu mister "entre o conhecimento e a opinião, entre o que é verdade e o que parece sê-lo".[59]

Após essas premissas, Habermas afirma:

> [...] que os participantes de uma discussão sentem-se autorizados – e supostamente o são de fato – a aceitar como verdadeira uma proposição controversa, bastando para isso que tenham, em condições quase ideais, esgotado todas as razões disponíveis a favor e contra essa proposição e assim estabelecido a aceitabilidade racional dela.[60]

E conclui:

> A relação intrínseca entre verdade e justificação é revelada pela função pragmática de conhecimento que oscila entre as práticas cotidianas e os discursos. Os discursos são como máquinas de lavar: filtram aquilo que é racionalmente aceitável para todos. Separam as crenças questionáveis e desqualificadas daquelas que, por um certo tempo recebem licença para voltar ao *status* de conhecimento não problemático.[61]

Habermas propõe enfrentar o desafio da definição de uma verdade comum aos participantes de um debate por meio da teoria discursiva, inclusive – e principalmente – na definição de objetos idealmente existentes, mas que fazem parte das relações entre os mundos

---

[58] AGRAS, Walber. Habermas e a teoria da legitimidade da jurisdição constitucional. *Revista Direitos Fundamentais & Justiça*, Porto Alegre/RS, n. 3, abr./jun. 2008. p. 70.

[59] HABERMAS, Jürgen. *Facticidade e validade*: contribuições para uma teoria discursiva do direito e da democracia. (Trad. Felipe Gonçalves e Rúrion Melo). 2. ed. São Paulo: Unesp, 2021. p. 61.

[60] HABERMAS, Jürgen. *Facticidade e validade*: contribuições para uma teoria discursiva do direito e da democracia. (Trad. Felipe Gonçalves e Rúrion Melo). 2. ed. São Paulo: Unesp, 2021. p. 61.

[61] HABERMAS, Jürgen. *Facticidade e validade*: contribuições para uma teoria discursiva do direito e da democracia. (Trad. Felipe Gonçalves e Rúrion Melo). 2. ed. São Paulo: Unesp, 2021. p. 63.

representados por cada um dos participantes. A de um *status* ideal que tem nos pensamentos uma estrutura proporcional fixa, há uma absorção pelos participantes da discussão de conceitos e juízos, conteúdos universais intersubjetivamente reconhecidos e idênticos a revelar a ideia de verdade.[62]

Para Habermas, "[o] que vale para o entendimento obtido no interior de uma comunidade de comunicação de pesquisadores vale também, *'mutatis mutandis'*, para as comunicações cotidianas",[63] e esclarece a importância do discurso de uma comunidade de interpretação ilimitada na redução da tensão entre facticidade e validade: "Com essa projeção, a tensão entre facticidade e validade se desloca para os pressupostos da comunicação".[64]

A partir dessas compreensões de Habermas, e na mesma direção, deve-se visitar a pesquisa de Fernando Vieira Luiz, que, em análise sobre a importância da tradição na hermenêutica a partir do pensamento de Gadamer, assim observou:

> Admitir a importância da tradição na interpretação é reconhecer que não se pode viver, pensar, compreender, como um ser isolado, mesmo porque qualquer pessoa só se reconhece como indivíduo em face do outro, eis que somente por meio dos outros é que adquirimos um verdadeiro conhecimento de nós mesmos. Desta forma, a interpretação estará baseada em um mundo comum compartilhado, ou seja, na tradição.[65]

Ponto fulcral que destaca Fernando Vieira Luiz, a partir do pensamento de Gadamer, é relativo à compreensão na hermenêutica. Segundo esse autor, para a compreensão de um fenômeno ou fato, a estrutura lógica da abertura rege-se pela primazia hermenêutica da pergunta.[66] Fundamenta citando Gadamer, que diz que em qualquer

---

[62] HABERMAS, Jürgen. *Facticidade e validade*: contribuições para uma teoria discursiva do direito e da democracia. (Trad. Felipe Gonçalves e Rúrion Melo). 2. ed. São Paulo: Unesp, 2021. p. 46.

[63] HABERMAS, Jürgen. *Facticidade e validade*: contribuições para uma teoria discursiva do direito e da democracia. (Trad. Felipe Gonçalves e Rúrion Melo). 2. ed. São Paulo: Unesp, 2021. p. 49.

[64] HABERMAS, Jürgen. *Facticidade e validade*: contribuições para uma teoria discursiva do direito e da democracia. (Trad. Felipe Gonçalves e Rúrion Melo). 2. ed. São Paulo: Unesp, 2021. p. 49.

[65] LUIZ, Fernando Vieira. *Teoria da decisão judicial*. Porto Alegre: Livraria do Advogado, 2013. p. 90.

[66] LUIZ, Fernando Vieira. *Teoria da decisão judicial*. Porto Alegre: Livraria do Advogado, 2013. p. 93.

experiência, a estrutura da pergunta está pressuposta, mesmo porque "o conhecimento de que algo é assim, e não como acreditávamos inicialmente, pressupõe evidentemente a passagem pela pergunta para saber se a coisa é assim ou assado".[67]

Dessa forma, a compreensão perpassa pela e na linguagem, conforme a teoria discursiva de Jürgen Habermas. E somente com o um procedimento discursivo (contraditório entre as partes de um debate), os atos do Estado atenderiam aos preceitos e princípios estabelecidos na Constituição, único fundamento do Estado Democrático de Direito contemporâneo.

É essa *praxis* de comunicação por meio do seu discurso que tornaria possível uma mediação ou integração social da decisão jurídica ou de qualquer função do Estado (legislativa, administrativa ou judicial), diante da exigência de uma interpretação jurídica participativa como requisito do Estado Democrático de Direito.

1.3 A democracia radical e a exigência de uma interpretação jurídica participativa

A função socio integradora do direito não pode ser utilizada como um fundamento ou justificativa à opressão, mas de justiça, conforme se compreende em Habermas: "O direito apenas conserva sua força legitimadora na medida em que puder atuar como uma fonte de justiça".[68]

E como premissa de análise de poder a partir da teoria discursiva, Habermas adverte: "Diferentemente do que ocorre nas construções do direito racional, o contraste conceitual determinante entre poder e violência empurra o poder para o lado do direito".[69]

A justiça e a violência do Estado não se legitimam por si mesmas. Somente um poder comunicativo produz um direito legítimo que, por sua vez, se vincula naturalmente ao poder comunicativo.

---

[67] LUIZ, Fernando Vieira. *Teoria da decisão judicial*. Porto Alegre: Livraria do Advogado, 2013. p. 93.

[68] HABERMAS, Jürgen. *Facticidade e validade*: contribuições para uma teoria discursiva do direito e da democracia. (Trad. Felipe Gonçalves e Rúrion Melo). 2. ed. São Paulo: Unesp, 2021. p. 197.

[69] HABERMAS, Jürgen. *Facticidade e validade*: contribuições para uma teoria discursiva do direito e da democracia. (Trad. Felipe Gonçalves e Rúrion Melo). 2. ed. São Paulo: Unesp, 2021. p. 201.

O Estado Democrático de Direito tem como fonte legitimadora a democracia e a formação da vontade dos cidadãos. É "o procedimento democrático [que] deve fundamentar a legitimidade do direito"[70] e a livre "formação da opinião para a formação da vontade".[71]

A teoria discursiva compreendida por Jürgen Habermas baliza a formação jurídica do poder de forma a afastar qualquer validade moral ou jusnaturalista acima da formação da vontade dos cidadãos:

> Contra as teorias sociológicas que se restringem aos fenômenos da *alocação do poder* e da *concorrência pelo poder*, ela objeta, com razão, que nenhuma dominação política pode expandir como quiser os recursos de seu poder. O poder produzido comunicativamente é um bem escasso pelo qual as organizações competem e com o qual os membros da administração pública se ocupam, mas que nenhum deles pode produzir por conta própria.[72]

Aqui é importante reiterar que a teoria discursiva, diferentemente do direito clássico, incluiu a moral no direito positivo a partir da consideração de que o sistema de direitos "não pode reclamar para si nenhuma validade moral ou jusnaturalista acima da formação da vontade dos cidadãos";[73] isso, porque a moral proposta por Habermas seria aquela advinda da vontade dos cidadãos, cujo fundamento principal seriam os direitos fundamentais, como indica Habermas:

> A ideia de Estado de Direito pode, em geral, ser interpretada então como a exigência de que o sistema administrativo controlado pelo código do poder se vincule ao poder comunicativo responsável pelo estabelecimento do direito, liberando-se assim das interferências do poder social, ou seja, do poder de imposição factual de interesses privilegiados.[74]

---

[70] HABERMAS, Jürgen. *Facticidade e validade*: contribuições para uma teoria discursiva do direito e da democracia. (Trad. Felipe Gonçalves e Rúrion Melo). 2. ed. São Paulo: Unesp, 2021. p. 204.

[71] HABERMAS, Jürgen. *Facticidade e validade*: contribuições para uma teoria discursiva do direito e da democracia. (Trad. Felipe Gonçalves e Rúrion Melo). 2. ed. São Paulo: Unesp, 2021. p. 205.

[72] HABERMAS, Jürgen. *Facticidade e validade*: contribuições para uma teoria discursiva do direito e da democracia. (Trad. Felipe Gonçalves e Rúrion Melo). 2. ed. São Paulo: Unesp, 2021. p. 202.

[73] HABERMAS, Jürgen. *Facticidade e validade*: contribuições para uma teoria discursiva do direito e da democracia. (Trad. Felipe Gonçalves e Rúrion Melo). 2. ed. São Paulo: Unesp, 2021. p. 201.

[74] HABERMAS, Jürgen. *Facticidade e validade*: contribuições para uma teoria discursiva do direito e da democracia. (Trad. Felipe Gonçalves e Rúrion Melo). 2. ed. São Paulo: Unesp, 2021. p. 203.

Feita essa introdução acerca da conexão do direito positivo com o poder a partir de uma necessária observância do poder comunicativo, também se faz necessária uma digressão sobre a positivação legítima do direito no Estado Democrático de Direito.

A conexão entre direito e política é resumida por Habermas por meio da organização do sistema judicial da seguinte forma:

> O direito à proteção jurídica individual se concretiza em direitos fundamentais que fundam as pretensões a uma justiça independente e que julga de maneira imparcial. Ele pressupõe, portanto, a instauração de um sistema judicial organizado estatalmente, que usa seu poder de sanção para as decisões vinculantes sobre casos de litígio e sua capacidade de organização com a finalidade de proteger e aperfeiçoar o direito.[75]

No Estado Democrático de Direito, a origem dos poderes ou funções adviria, nesse sentido, da vontade coletiva da sociedade – "todo poder vem do povo, pelo povo e para o povo"[76] – associada à forma de representação desses discursos; de modo que só a locução da sociedade ou a opinião pública não seriam suficientes à legitimidade democrática e ao equilíbrio entre as instituições democráticas.

Ronaldo Brêtas de Carvalho Dias, epistemologista da Escola Mineira de Processo, ao abordar sobre a Teoria das Funções do Estado, lança compreensão de que o poder do Estado é único e que é distribuído aos indivíduos: "Em face dessas ideias, também acatamos a doutrina da existência de um poder único do Estado, que se espraia sobre os indivíduos pelo exercício das suas três fundamentais funções jurídicas, a executiva, a legislativa e a jurisdicional".[77]

Também nesse sentido a compreensão de José Alfredo de Oliveira Baracho, o precursor do estudo do Processo Constitucional no Brasil, que assim a expõe acerca das funções fundamentais do Estado:

> A publicística contemporânea prefere consagrar a expressão "funções fundamentais do Estado". Mesmo aí consagra a referência a Montesquieu.

---

[75] HABERMAS, Jürgen. *Facticidade e validade*: contribuições para uma teoria discursiva do direito e da democracia. (Trad. Felipe Gonçalves e Rúrion Melo). 2. ed. São Paulo: Unesp, 2021. p. 185.

[76] LINCOLN, Abraham. Discurso em Gettysburg. *Folha de São Paulo*, São Paulo, 2009. Disponível em: https://m.folha.uol.com.br/ilustrada/2009/02/506036-leia-o-discurso-em-gettysburg-de-abrahamlincoln.shtml. Acesso em 1 ago. 2023.

[77] DIAS, Ronaldo Brêtas de Carvalho. *Processo Constitucional e Estado Democrático de Direito*. 4. ed. Belo Horizonte: Del Rey, 2018. p. 23-24.

A teoria das suas atividades conduz a um conhecimento mais amplo, que levará à necessidade do conhecimento das funções essenciais do mesmo. As distintas divisões que têm um caráter científico tomam por base o conhecimento da época em que as doutrinas foram formuladas.[78]

A teoria discursiva de Habermas lança compreensão advertindo que tão importante quanto a vontade expressa pelo discurso social dos participantes de uma comunidade seriam a forma e a representação de locução que embasam as normas jurídicas aceitas por todos.

Antes da implementação das leis, Habermas observa a necessidade da formação discursiva de uma vontade comum que só seria possível pelo exercício da autonomia política: "O exercício da autonomia política implica a formação discursiva de uma vontade comum, não ainda a implementação das leis que dela resultam", e completa ao afirmar que "o direito é o meio pelo qual o poder comunicativo se converte em poder administrativo".[79]

Os postulados administrativos do poder não podem depender da constante mobilização ou locução da sociedade, diante das dinâmicas distintas observadas na sociedade civil e na atuação estatal, pelo que Habermas esclarece a diferença entre a autonomia política e o poder político por intermédio da teoria discursiva:

> O enfoque da teoria do discurso a respeito da autonomia política torna necessária uma diferenciação no conceito de poder político. Para que não se deixe secar a fonte da justiça a partir da qual o próprio direito obtém sua legitimidade, um poder comunicativo jusgenerativo precisa estar subjacente ao poder da administração estatal constituído juridicamente.[80]

Da mesma forma, Habermas[81] lembra que um dos fundamentos da filosofia materialista de Karl Marx advém da ideia de uma democracia radical, visando refutar a ideologia do Estado de Direito liberal.

---

[78] BARACHO, José Alfredo de Oliveira. Aspectos da teoria geral do processo constitucional: teoria da separação de poderes e funções do Estado. *Revista de Informação Legislativa*, Brasília, DF, v. 76, p. 97-124, out./dez. 1982. p. 117.

[79] HABERMAS, Jürgen. *Facticidade e validade*: contribuições para uma teoria discursiva do direito e da democracia. (Trad. Felipe Gonçalves e Rúrion Melo). 2. ed. São Paulo: Unesp, 2021. p. 203.

[80] HABERMAS, Jürgen. *Facticidade e validade*: contribuições para uma teoria discursiva do direito e da democracia. (Trad. Felipe Gonçalves e Rúrion Melo). 2. ed. São Paulo: Unesp, 2021. p. 199.

[81] HABERMAS, Jürgen. *Facticidade e validade*: contribuições para uma teoria discursiva do direito e da democracia. (Trad. Felipe Gonçalves e Rúrion Melo). 2. ed. São Paulo: Unesp, 2021. p. 28.

No entanto, Habermas refuta a filosofia materialista, porque essa desacredita da própria ideia de juridicidade, base dos direitos naturais, ao afastar a sociologia e romper a conexão entre o direito natural e a revolução.[82]

Quanto às maiorias, Habermas adverte que também é preciso qualificá- las: "Geralmente, as decisões da maioria são limitadas pelos direitos fundamentais que protegem as minorias; pois no exercício de sua autonomia política, os cidadãos não podem atentar contra o sistema de direitos que, a princípio, constitui essa autonomia".[83]

Reiterando a premissa democrática, somente o procedimento democrático estaria apto a fundamentar a legitimidade do direito. Esses procedimentos democráticos estariam presentes na forma da escolha dos representantes (eleições livres, igualitárias e secretas) com mandato para negociar compromissos.[84]

Nesse ponto, Habermas observa que as razões na ação comunicativa formam motivos por meio do entrelaçamento da positivação discursiva do direito e da formação comunicativa do poder, e demonstra a necessidade de separação das questões políticas das questões morais:

> [...] comunidades concretas, que pretende regular sua vida em comum com os meios do direito, não podem separar completamente questões de normatização das expectativas de comportamento das questões sobre finalidades coletivas, tal como seria possível em uma comunidade idealizada de pessoas moralmente responsáveis.[85]

Naturalmente, há amarras na formação comunicativa do poder, inclusive em um modelo constitucional liberal do Estado, conforme

---

[82] HABERMAS, Jürgen. *Facticidade e validade*: contribuições para uma teoria discursiva do direito e da democracia. (Trad. Felipe Gonçalves e Rúrion Melo). 2. ed. São Paulo: Unesp, 2021. p. 28.

[83] HABERMAS, Jürgen. *Facticidade e validade*: contribuições para uma teoria discursiva do direito e da democracia. (Trad. Felipe Gonçalves e Rúrion Melo). 2. ed. São Paulo: Unesp, 2021. p. 236.

[84] HABERMAS, Jürgen. *Facticidade e validade*: contribuições para uma teoria discursiva do direito e da democracia. (Trad. Felipe Gonçalves e Rúrion Melo). 2. ed. São Paulo: Unesp, 2021. p. 237.

[85] HABERMAS, Jürgen. *Facticidade e validade*: contribuições para uma teoria discursiva do direito e da democracia. (Trad. Felipe Gonçalves e Rúrion Melo). 2. ed. São Paulo: Unesp, 2021. p. 204.

adverte Jürgen Habermas: "[...] o direito não pode se livrar dos pontos de vista teleológicos da legislação tributária e da segurança militar".[86] Outra premissa democrática seria a igualdade na aplicação do direito e o seu ápice da formação comunicativa do poder, a Constituição: "Mesmo a mais simples legislação precisa ser compreendida junto à concretização do sistema de direitos desenvolvido na Constituição".[87]

Seria, na perspectiva da teoria discursiva, a conexão constitutiva entre direito e política que tornaria o direito o elemento de estabilidade de comportamentos, já que, segundo esta teoria, os direitos subjetivos só poderiam entrar em vigor e serem implementados pelas organizações que tomam decisões coletivamente vinculantes.[88] E assim Habermas aponta: "O direito à proteção jurídica individual se concretiza em direitos fundamentais que fundam as pretensões a uma justiça independente e que julga de maneira imparcial".[89]

Esses elementos da teoria discursiva indicariam, pois, a necessidade de interpretação participativa como forma de legitimar uma decisão judicial, como conclui Habermas:

> O Estado é necessário como poder de sanção, organização e execução, porque os direitos devem ser impostos, porque a comunidade jurídica necessita tanto de uma força que estabilize sua identidade quanto de uma jurisprudência organizada, e porque da formação política da vontade procedem programas que precisam ser implementados.[90]

As decisões judiciais que não são construídas a partir de uma necessária interpretação participativa, com a contribuição do contraditório,

---

[86] HABERMAS, Jürgen. *Facticidade e validade*: contribuições para uma teoria discursiva do direito e da democracia. (Trad. Felipe Gonçalves e Rúrion Melo). 2. ed. São Paulo: Unesp, 2021. p. 205.

[87] HABERMAS, Jürgen. *Facticidade e validade*: contribuições para uma teoria discursiva do direito e da democracia. (Trad. Felipe Gonçalves e Rúrion Melo). 2. ed. São Paulo: Unesp, 2021. p. 207.

[88] HABERMAS, Jürgen. *Facticidade e validade*: contribuições para uma teoria discursiva do direito e da democracia. (Trad. Felipe Gonçalves e Rúrion Melo). 2. ed. São Paulo: Unesp, 2021. p. 184.

[89] HABERMAS, Jürgen. *Facticidade e validade*: contribuições para uma teoria discursiva do direito e da democracia. (Trad. Felipe Gonçalves e Rúrion Melo). 2. ed. São Paulo: Unesp, 2021. p. 185.

[90] HABERMAS, Jürgen. *Facticidade e validade*: contribuições para uma teoria discursiva do direito e da democracia. (Trad. Felipe Gonçalves e Rúrion Melo). 2. ed. São Paulo: Unesp, 2021. p. 185.

indicam, nesse sentido, um vício na legitimidade em face da inobservância da vontade presente na formação política.

1.4 A razão comunicativa e o agir comunicativo: a legitimidade democrática na formação do direito

Como exposto anteriormente, a razão comunicativa decorre da utilização da comunicação linguística nas interações encadeadas dentro de um grupo de cidadãos livres e formas de vida estruturadas.

Segundo Habermas, diferentemente da razão prática (que é uma fonte para normas de ação), a razão comunicativa possui teor normativo quando aquele que participa de um debate admite pressupostos pragmáticos de tipo contrafactual:

> Aquele que age comunicativamente se encontra sob o ter que de uma coerção transcendental fraca, mas, com isso, ele já não se encontra também ante o ter que prescrito de uma regra de ação – podendo esta remeter deontologicamente à validade normativa de um mandamento moral, axiologicamente a uma constelação de valores de preferência, ou, empiricamente à eficácia de uma regra técnica.[91]

Assim, a razão comunicativa possibilita uma orientação para as pretensões de validade – seja da verdade proposicional, da verdade subjetiva e da adequação normativa –, superando, assim, as questões prático-morais.

Segundo Habermas, na formação do direito, o agir comunicativo (teoria da ação comunicativa) agrega "[...] um valor posicional central" ao direito, na medida que "[...] forma um contexto apropriado para uma teoria discursiva do direito".[92]

Com a superação da razão prática pela razão comunicativa há a ruptura do normativismo.

Mesmo assim, o agir comunicativo – que é fonte primária de integração social que permite a realização da ação comum, bem como

---

[91] HABERMAS, Jürgen. *Facticidade e validade*: contribuições para uma teoria discursiva do direito e da democracia. (Trad. Felipe Gonçalves e Rúrion Melo). 2. ed. São Paulo: Unesp, 2021. p. 36.

[92] HABERMAS, Jürgen. *Facticidade e validade*: contribuições para uma teoria discursiva do direito e da democracia. (Trad. Felipe Gonçalves e Rúrion Melo). 2. ed. São Paulo: Unesp, 2021. p. 39.

gera a adesão entre os comunicantes[93] – também é fundamentado na racionalidade, já que o conceito de razão seria essencial para a formação idealizadora de conceitos.[94]

Isso posto, como já dito, os pensamentos, na perspectiva discursiva, são ideias expostas de forma proposicional que possibilitam aos participantes de um debate a compreensão de uma linguagem gramatical de forma idêntica.[95]

Segundo Habermas, essa compreensão da linguagem gramatical se aplica a pesquisadores e leigos: "O que vale para o entendimento obtido no interior de uma comunidade de comunicação de pesquisadores vale também, *mutatis mutandis*, para as comunicações cotidianas".[96]

É esse agir comunicativo que permitiria "a reconstrução das condições de integração social"[97] e que traria a legitimidade democrática para a formação do direito e, também, contribuiria para a estabilização das expectativas de comportamento. Nesse sentido, Habermas esclarece:

> O ancoramento da ação comunicativa nos contextos do mundo da vida e uma regulação do comportamento pelas instituições originais explicam como, em grupos pequenos e relativamente desdiferenciados, é possível, em geral, que a integração social ocorra a partir da base improvável dos processos de entendimento.[98]

Jürgen Habermas finaliza essa compreensão sobre o agir comunicativo ao propor uma perspectiva histórica da formação do direito moderno: "[...] os direitos subjetivos privados, que definem âmbitos legítimos de liberdades individuais de ação, e nessa medida, são talhados

---

[93] MOREIRA, Luiz. *Fundamentação do direito em Habermas*. Belo Horizonte: Mandamentos, 2004. p. 110.

[94] HABERMAS, Jürgen. *Facticidade e validade*: contribuições para uma teoria discursiva do direito e da democracia. (Trad. Felipe Gonçalves e Rúrion Melo). 2. ed. São Paulo: Unesp, 2021. p. 42.

[95] HABERMAS, Jürgen. *Facticidade e validade*: contribuições para uma teoria discursiva do direito e da democracia. (Trad. Felipe Gonçalves e Rúrion Melo). 2. ed. São Paulo: Unesp, 2021. p. 44.

[96] HABERMAS, Jürgen. *Facticidade e validade*: contribuições para uma teoria discursiva do direito e da democracia. (Trad. Felipe Gonçalves e Rúrion Melo). 2. ed. São Paulo: Unesp, 2021. p. 49.

[97] HABERMAS, Jürgen. *Facticidade e validade*: contribuições para uma teoria discursiva do direito e da democracia. (Trad. Felipe Gonçalves e Rúrion Melo). 2. ed. São Paulo: Unesp, 2021. p. 55.

[98] HABERMAS, Jürgen. *Facticidade e validade*: contribuições para uma teoria discursiva do direito e da democracia. (Trad. Felipe Gonçalves e Rúrion Melo). 2. ed. São Paulo: Unesp, 2021. p. 59.

de acordo com uma persecução estratégica de interesses privados, constituem também o núcleo do direito moderno".[99]

Assim, tem-se que a aplicação da teoria discursiva na construção de uma decisão judicial é um *modus operandis* que legitima o direito e a própria decisão por meio de uma interpretação participativa dos envolvidos no procedimento.

---

[99] HABERMAS, Jürgen. *Facticidade e validade*: contribuições para uma teoria discursiva do direito e da democracia. (Trad. Felipe Gonçalves e Rúrion Melo). 2. ed. São Paulo: Unesp, 2021. p. 62.

CAPÍTULO 2

O MODELO SOLIPSISTA DA DECISÃO JUDICIAL E A LEGALIDADE DO POSITIVISMO JURÍDICO

A positivação do direito, ao possibilitar a estruturação da norma jurídica, coloca na figura do juiz o exercício do papel de protetor dessas normas que, de forma autorizada, passa a tomar decisões coletivamente vinculantes.

O juiz, nesse sentido, pode decidir por um ato de vontade, denominado de livre convencimento motivado. Ocorre que, quando essa atuação é caracterizada por uma atuação solitária e discricionária, afastando a participação das partes na construção do provimento jurisdicional, sua legitimidade democrática é colocada em questionamento.

Como corolário do sistema de justiça no Brasil, o juiz tem sua atuação pautada pelo princípio do livre convencimento motivado; o que, por vezes, o possibilita decidir conforme a sua consciência, por um ato de vontade, configurando a discricionaridade e o fenômeno do protagonismo judicial.

Embora a legislação processual brasileira tenha adotado o sistema de persuasão racional (art. 371 do Código de Processo Civil),[100] que vincula o convencimento do juiz à prova dos autos, ainda há um proceder dogmático anterior ao constitucionalismo de meados do século passado, que fundamenta a decisão judicial a partir da filosofia da consciência.

Mesmo com a inserção do artigo 372 no Código de Processo Civil, em 2015, que reforçou o instituto do contraditório já enunciado

---

[100] BRASIL. Lei nº 13.105, de 16 de março de 2015. Código de Processo Civil. Brasília, DF: Presidência da República, *Diário Oficial da União*, 17 mar. 2015. Disponível em: https://www.planalto.gov.br/ccivil_03/_ato2015-2018/2015/lei/l13105.htm. Acesso em 1 ago. 2023.

na Constituição desde 1988,[101] bem como a inserção do artigo 489-IV do mesmo código processual, segundo o qual é requisito da decisão judicial o enfrentamento de todos os argumentos postos no processo – inclusive sendo defeso argumentos não debatidos no feito (art. 10 CPC, *surpresa processual*) –, ainda se observa uma prática embasada por um proceder hermenêutico contrário ao processo constitucional.[102]

Essa prática indicaria, além da falta de uma fundamentação – necessária – da decisão ou ausência de *ratio decidendi*, a inobservância dos preceitos constitucionais reiterados no Código de Processo Civil de 2015.[103]

2.1 O positivismo jurídico e a legalidade: a premissa solipsista e a validade das decisões judiciais

A premissa do positivismo jurídico fundamenta-se na diferenciação e no distanciamento entre o direito positivo e o direito natural, contraponto que perpassa e demarca toda a tradição do pensamento jurídico ocidental.

De acordo com Noberto Bobbio,[104] essa distinção conceitual pode ser observada desde o pensamento medieval, passando por Platão e Aristóteles, pelo Direito Romano até seu aprofundamento teórico no pensamento dos jusnaturalistas dos séculos XVII e XVIII.

Como pontua Habermas, a diferenciação entre o direito natural e o direito positivo revela uma ligação, um entrelaçamento interno, entre a política e a moral. Esse liame é extraído da tradicional distinção entre direito natural e positivo, formulada por diversos juristas e, de acordo com Habermas, o contexto filosófico jurídico do positivismo pode ser explicado pela derrocada do paradigma medieval, que era baseado em

---

[101] BRASIL. [Constituição (1988)]. *Constituição da República Federativa do Brasil de 1988*. Brasília, DF: Presidência da República, [2023a]. Disponível em: http://www.planalto.gov.br/ccivil_03/Constituicao/Constituicao.htm. Acesso em 1 ago. 2023.

[102] Art. 10. O juiz não pode decidir, em grau algum de jurisdição, com base em fundamento a respeito do qual não se tenha dado às partes oportunidade de se manifestar, ainda que se trate de matéria sobre a qual deva decidir de ofício. (BRASIL. Lei nº 13.105, de 16 de março de 2015. Código de Processo Civil. Brasília, Diário Oficial da União, 17 de março de 2015).

[103] BRASIL. Lei nº 13.105, de 16 de março de 2015. Código de Processo Civil. Brasília, DF: Presidência da República, *Diário Oficial da União*, 17 mar. 2015. Disponível em: https://www.planalto.gov.br/ccivil_03/_ato2015-2018/2015/lei/l13105.htm. Acesso em 1 ago. 2023.

[104] BOBBIO, Norberto. *O positivismo jurídico*: lições de filosofia do direito. (Trad. Márcio Pugliesi). São Paulo: Ícone, 1995.

uma estrutura tridimensional do sistema jurídico: o direito sagrado, a autoridade governante e a tradição.[105]

Nesse sentido, como expõe o autor, o sistema jurídico fundamentava-se na aplicação exegética do direito sagrado, cujo núcleo era formado por um direito burocrático baseado em tradições jurídicas consideradas como sagradas pelo rei ou imperador (autoridade governante suprema); esse direito, por seu caráter divino, não seria, portanto, passível de utilização pela política, sob a forma de dominação, agindo como um limite demarcador da própria atuação do governante, que, por sua vez, devia observância a esse direito.[106]

Contudo, como apresenta Habermas,[107] o funcionamento dessa sistemática jurídica estava condicionado à utilização do direito como meio de conferir legitimidade aos atos da autoridade governante, como um instrumento da dominação política e à manutenção de seu caráter tradicional, em um sentido indisponível; condições que teriam sua conjugação comprometida nas sociedades modernas.

Dessa forma, a positivação do direito, como se extrai da colocação habermasiana, teria surgido como uma reação das transformações das sociedades modernas, que colocaram em confronto a instrumentalidade e a indisponibilidade do direito sagrado:

> Na medida em que imagens religiosas de mundo cedem lugar a poderes privatizados de fé e as tradições do direito consuetudinário são absorvidas via *usus modernus* pelo direito de especialistas, a estrutura tridimensional do sistema jurídico se rompe. O direito é reduzido a uma única dimensão, assumindo então o lugar antes ocupado pela regulação burocrática da dominação. O poder de dominação política se emancipa da ligação com o direito sagrado, tornando-se soberano.[108]

---

[105] HABERMAS, Jürgen. *Facticidade e validade*: contribuições para uma teoria discursiva do direito e da democracia. (Trad. Felipe Gonçalves e Rúrion Melo). 2. ed. São Paulo: Unesp, 2021. p. 604.

[106] HABERMAS, Jürgen. *Facticidade e validade*: contribuições para uma teoria discursiva do direito e da democracia. (Trad. Felipe Gonçalves e Rúrion Melo). 2. ed. São Paulo: Unesp, 2021. p. 604-605.

[107] HABERMAS, Jürgen. *Facticidade e validade*: contribuições para uma teoria discursiva do direito e da democracia. (Trad. Felipe Gonçalves e Rúrion Melo). 2. ed. São Paulo: Unesp, 2021. p. 605.

[108] HABERMAS, Jürgen. *Facticidade e validade*: contribuições para uma teoria discursiva do direito e da democracia. (Trad. Felipe Gonçalves e Rúrion Melo). 2. ed. São Paulo: Unesp, 2021. p. 606.

Segundo Adalberto Narciso Hommerding e Francisco José Borges Motta, Jürgen Habermas apresenta uma contribuição fundamental para a compreensão do positivismo jurídico: "A vinculação entre a legitimação política, a moral e o direito, em que este cumpre uma função mediadora, uma vez que sua própria legitimação reside na sua conexão com a moral e, a partir dali, com a política".[109]

A positivação do direito teria possibilitado, portanto, que as representações concretistas da justiça, ou seja, relacionadas à moral, passassem a ser colocadas em condição hipotética, normativa, na qual, antes do conflito ser concretizado, poderia ser objetivamente resolvido.

Nesse sentido, o direito positivo, como explica Habermas, teria sua estrutura baseada em direitos subjetivos naturais, que possibilitariam o exercício da coerção contra as violações às liberdades subjetivas por meio de ações asseguradas juridicamente.[110] Sobre a monopolização do exercício da coerção e a judicialização dos conflitos, complementa Habermas:

> Com a passagem do direito natural ao direito positivo, essa autorização para o uso da coerção, que não pode mais ser imediatamente exercida por pessoas de direito privado após a monopolização de todos os meios de coerção legítima passar para o Estado, transforma-se na competência para impetrar uma ação judicial.[111]

Nesse mesmo contexto, a legitimidade do uso da coerção também teria implicado na necessidade de instituição de um direito válido. A validade do direito, segundo expõe Habermas, seria sustentada pela ligação entre a facticidade do exercício legítimo do uso da força pela atuação do Estado e o positivismo jurídico; isso porque o direito estaria ligado "de antemão à autorização da coerção".[112]

---

[109] HOMMERDING, Adalberto Narciso; MOTTA, Francisco José Borges. Direito e legitimidade em Jürgen Habermas: aportes para a construção de um processo jurisdicional democrático. *Revista Quaestio Iuris*, Rio de Janeiro, v. 10, n. 3, p. 1537-1555, 2017. p. 1538.

[110] HABERMAS, Jürgen. *Facticidade e validade*: contribuições para uma teoria discursiva do direito e da democracia. (Trad. Felipe Gonçalves e Rúrion Melo). 2. ed. São Paulo: Unesp, 2021. p. 63.

[111] HABERMAS, Jürgen. *Facticidade e validade*: contribuições para uma teoria discursiva do direito e da democracia. (Trad. Felipe Gonçalves e Rúrion Melo). 2. ed. São Paulo: Unesp, 2021. p. 63.

[112] HABERMAS, Jürgen. *Facticidade e validade*: contribuições para uma teoria discursiva do direito e da democracia. (Trad. Felipe Gonçalves e Rúrion Melo). 2. ed. São Paulo: Unesp, 2021. p. 63.

O procedimento de positivação do direito, por sua vez, estaria ligado ao pressuposto da racionalidade e, por conseguinte, da legalidade, já que a racionalidade desse procedimento é que asseguraria a liberdade dos indivíduos perante a atuação estatal, como um limitador: "[...] mas esta coerção só se justifica enquanto impedimento de um obstáculo à liberdade".[113] Portanto, a validade do direito positivo residiria, justamente, nessa ligação interna entre a coerção e a liberdade.

O aspecto da validade jurídica na teoria da ação comunicativa é explicado, nesse sentido, simultaneamente pela sua validade social ou factual e pela sua legitimidade:

> A validade social das normas jurídicas se determina pelo grau de imposição, ou seja, pela aceitação a ser factualmente esperada no círculo dos parceiros de direito. Contudo, diferentemente da validade convencional dos usos e costumes, o direito positivado não se apoia sobre a facticidade crescente de forma de vida habituais e transmitidas, mas sobre a facticidade artificialmente produzida da ameaça de sanções definidas conforme ao direito e reclamáveis diante de um tribunal. Pelo contrário, a legitimidade das regras é medida pela resgatabilidade discursiva de sua pretensão de validade normativa, em última instância se são obtidas em um procedimento racional de legislação – ou se puderem ao menos ter sido justificadas sob pontos de vista pragmáticos.[114]

Dessa forma, a legitimidade das normas jurídicas estaria diretamente relacionada à racionalidade inerente ao procedimento legislativo e na suposição de que as normas são passíveis de fundamentação:

> A legitimidade de uma regra é independente de sua imposição factual. Mas, pelo contrário, a validade social e a obediência factual variam com a crença na legitimidade dos parceiros de direito, e esta se apoia por sua vez na suposição de legitimidade, ou seja, na ideia de que as normas são passíveis de fundamentação.[115]

---

[113] HABERMAS, Jürgen. *Facticidade e validade*: contribuições para uma teoria discursiva do direito e da democracia. (Trad. Felipe Gonçalves e Rúrion Melo). 2. ed. São Paulo: Unesp, 2021. p. 63.

[114] HABERMAS, Jürgen. *Facticidade e validade*: contribuições para uma teoria discursiva do direito e da democracia. (Trad. Felipe Gonçalves e Rúrion Melo). 2. ed. São Paulo: Unesp, 2021. p. 65.

[115] HABERMAS, Jürgen. *Facticidade e validade*: contribuições para uma teoria discursiva do direito e da democracia. (Trad. Felipe Gonçalves e Rúrion Melo). 2. ed. São Paulo: Unesp, 2021. p. 65.

Habermas, nesse sentido, buscou a superação do paradigma do direito clássico (legalidade, positividade e formalismo) propondo um direito com características de positivação e de fundamentação argumentativas baseadas em parâmetros ético-morais.

A partir da propositura da teoria discursiva, com uma interpretação participativa apta a legitimar o direito, Habermas se afasta da escola liberal clássica.

Como é possível depreender, o positivismo jurídico permanece, ainda, na tradição jurídica como fundamento filosófico do ato jurisdicional que, ao se basear na metafísica clássica e na filosofia da consciência de Platão, reduz a busca pela verdade ao mundo inteligível, no qual as coisas são representadas metafisicamente por entes unos, imutáveis e eternos.[116]

Luis Gustavo Reis Mundim e Alexandre Varela de Oliveira, em trabalho sobre a herança bulowiana na jurisprudêncialização do direito, lançam uma compreensão a partir de Oskar Von Bülow acerca da importância do papel da magistratura na interpretação, aplicação e criação do direito que, em perspectiva,

> buscou enfraquecer o papel das partes e reforçar, sobremaneira, o papel dos magistrados, mediante a implementação, no campo da técnica, do protagonismo judicial, visto que o processo passou a consistir em uma relação jurídica de direito público vinculativa das partes aos tribunais, cuja formação e existência deveria ser controlada pelos juízes.[117]

E concluem os articulistas, o ápice do solipsismo fundamentado na teoria de Oskar Von Bülow:

> Portanto, fora concedido ao julgador a criação do direito segundo sua consciência, valores e sentimentos de justiça, por lhe ter sido atribuída a incumbência de interpretar os anseios do povo, podendo, sua decisão, sob essa justificativa, ir de encontro ao próprio ordenamento jurídico.[118]

---

[116] MARÍAS, Julián. *História da Filosofia.* (Trad. Cláudia Berliner). São Paulo: Martins Fontes, 2004. p. 52.

[117] MUNDIM, Luiz Gustavo Reis; OLIVEIRA, Alexandre Varela de; Cortes Supremas e a herança bulowiana na jurisprudencialização do direito. *Revista Eletrônica de Direito Processual – REDP,* ano 13, vol. 20, n. 3, set./dez., 2019. Disponível em: https://www.e-publicacoes.uerj.br/redp/article/view/40557/30560. Acesso em 12 jul. 2023, p. 298.

[118] MUNDIM, Luiz Gustavo Reis; OLIVEIRA, Alexandre Varela de; Cortes Supremas e a herança bulowiana na jurisprudencialização do direito. *Revista Eletrônica de Direito Processual – REDP,*

A partir do seu primeiro princípio da filosofia, Descartes põe o sujeito como o lugar da verdade e a base do conhecimento: "[...] penso, logo existo [...]".[119] É o primado da razão que aponta que as coisas só existem se pensadas por um sujeito. Ao superar o objeto e seus conceitos como base nas ideias e no conhecimento, Descartes inicia o subjetivismo como expressão da verdade e o método como seu instrumento e possibilidade de certeza, conforme reporta Fernando Vieira Luiz.[120]

Foi com a filosofia de Kant, em "A crítica da razão pura",[121] que o sujeito, criador do objeto e mediador da subjetividade, tomou para si a possibilidade do autoconhecimento.

> Até hoje admitia-se que o nosso conhecimento se devia regular pelos objectos; porém, todas as tentativas para descobrir a priori, mediante conceitos, algo que ampliasse o nosso conhecimento, malogravam-se com este pressuposto. Tentemos, pois, uma vez, experimentar se não se resolverão melhor as tarefas da metafísica, admitindo que os objetos se deveriam regular pelo nosso conhecimento, o que assim já concorda melhor com o que desejamos, a saber, a possibilidade de um conhecimento a priori desses objectos, que estabeleça algo sobre eles antes de nos serem dados.[122]

Segundo Luiz Moreira, "[...] o Direito é entendido como aquela categoria que apela para a coerção que é um monopólio estatal, toda vez que alguém, pelo uso abusivo de sua liberdade, causar empecilhos à liberdade de outrem".[123]

Em "Teoria Pura do Direito", Hans Kelsen analisa a hierarquia das normas no ato de aplicação do Direito e adverte que a vinculação da norma superior da ordem jurídica nem sempre se dá de forma completa. Assim o autor expõe seu entendimento:

---

ano 13, vol. 20, n. 3, set./dez., 2019. Disponível em: https://www.e-publicacoes.uerj.br/redp/article/view/40557/30560. Acesso em 12 jul. 2023, p. 299.

[119] DESCARTES, René. *Discurso do método.* (Trad. Maria Ermantina Galvão). São Paulo: Martins Fontes, 2001. p. 38.

[120] LUIZ, Fernando Vieira. *Teoria da decisão judicial.* Porto Alegre: Livraria do Advogado, 2013. p. 31.

[121] KANT, Immanuel. *Crítica da razão pura.* (Trad. Manuela Pinto dos Santos e Alexandre Fradique Morujão). Lisboa: Fundação Calouste Gulbenkian, 2001.

[122] KANT, Immanuel. *Crítica da razão pura.* (Trad. Manuela Pinto dos Santos e Alexandre Fradique Morujão). Lisboa: Fundação Calouste Gulbenkian, 2001. p. 19-20.

[123] MOREIRA, Luiz. *Fundamentação do direito em Habermas.* Belo Horizonte: Mandamentos, 2004. p. 120.

A norma do escalão superior não pode vincular em todas as direções (sob todos os aspectos) o ato por meio do qual é aplicada. Tem sempre de ficar uma margem, ora maior ora menor, de livre apreciação, de tal forma que a norma do escalão superior tem sempre, em relação ao ato de produção normativa ou de execução que a aplica, o caráter de um quadro ou moldura a preencher por este ato. Mesmo uma ordem o mais pormenorizada possível tem de deixar àquele que a cumpre ou executa uma pluralidade de determinações a fazer. Se o órgão A emite um comando para que o órgão B prenda o súdito C, o órgão B tem de decidir, segundo o seu próprio critério, quando, onde e como realizará a ordem de prisão, decisões essas que dependem de circunstâncias externas que o órgão emissor do comando não previu e, em grande parte, nem sequer podia prever.[124]

Contudo, Habermas pontua que o direito positivado não se apoia sobre a facticidade crescente de formas de vida habituais e transmitidas, de modo diverso da validade convencional dos usos e costumes.[125]

O direito positivado se apoia, pois, sobre uma "facticidade artificialmente produzida da ameaça de sanções definidas conforme ao direito e reclamáveis diante de um tribunal".[126]

Na aplicação das normas, essa busca por segurança jurídica sem racionalidade e sem o contraditório (ou a escuta da fala da comunidade ou parte),[127] quando se objetiva uma sentença conformada ao Direito vigente, abre espaço para a discricionaridade e até subjetividade quando casos de maior complexidade trazem dificuldade em determinar de forma objetiva qual a norma a ser aplicável.[128]

Daniel Mitidiero, em artigo publicado na Revista de Processo (2012), lança compreensão sobre a importância do contraditório na fundamentação das decisões judiciais:

---

[124] KELSEN, Hans. *Teoria pura do direito*. (Trad. João Baptista Machado). 8. ed. São Paulo: Martins Fontes, 2009. p. 388.

[125] HABERMAS, Jürgen. *Facticidade e validade*: contribuições para uma teoria discursiva do direito e da democracia. (Trad. Felipe Gonçalves e Rúrion Melo). 2. ed. São Paulo: Unesp, 2021. p. 65.

[126] HABERMAS, Jürgen. *Facticidade e validade*: contribuições para uma teoria discursiva do direito e da democracia. (Trad. Felipe Gonçalves e Rúrion Melo). 2. ed. São Paulo: Unesp, 2021. p. 65.

[127] HABERMAS, Jürgen. *Facticidade e validade*: contribuições para uma teoria discursiva do direito e da democracia. (Trad. Felipe Gonçalves e Rúrion Melo). 2. ed. São Paulo: Unesp, 2021. p. 120.

[128] DWORKIN, Ronald. *Levando os direitos a sério*. (Trad. Nelson Boeira). 3. ed. São Paulo: Martins Fontes, 2010. p. XIX.

O problema da extensão do dever de motivação das decisões judiciais tem de ser resolvido à luz do conceito de 'contraditório'. É por essa razão que o nexo entre os conceitos é radical. E a razão é simples: a motivação das decisões judiciais constitui o último momento de manifestação do direito ao contraditório.[129]

O fenômeno máximo da discricionariedade das decisões judiciais é denominado como solipsismo.

Para Carlos Willians Jaques Morais, em análise sobre o solipsismo a partir de Jürgen Habermas, "o mundo objetivo é determinado por vivências subjetivas e não possui valor na realidade. É uma visão do mundo solipsista, pois é dada apenas em primeira pessoa".[130]

A advertência, histriônica e irônica, que Lenio Streck fez da adoção do solipsismo nas decisões judiciais no Brasil, já no século XXI, também aponta a incompatibilidade dessa interpretação com o Estado Democrático de Direito:

> Portanto, se alguém ainda não havia entendido os motivos pelos quais venho pregando por um constrangimento epistemológico no Direito (ver verbete específico no meu Dicionário) e os motivos de nos insurgirmos em face de decisões que erram quando a integridade do Direito aponta para outra direção, penso que esses casos mais chocantes podem vir a servir de exemplo do porquê de não se poder ter discricionariedade ou livre convencimento. A doutrina, em vez de se preocupar em fazer enunciados, bem que poderia se preocupar com essa coisa prosaica: constranger epistemicamente para que o judiciário [...] cumpra a lei e a Constituição Federal. Simples assim. Ou é pedir muito?.[131]

Os debates sobre a inadequação dessas interpretações fundamentadas em uma atuação solitária do magistrado são recorrentes no âmbito da teoria política e do direito e tem seu enfoque impulsionado após a Segunda Guerra Mundial, como aponta Dhenis Cruz Madeira:

---

[129] MITIDIERO, Daniel. Fundamentação e precedente: dois discursos a partir da decisão judicial. *Revista de Processo*, São Paulo, v. 37, n. 206, p. 61-78, abr. 2012. p. 63. Disponível em: https://bdjur.stj.jus.br/jspui/handle/2011/80212. Acesso em 1 ago. 2023.

[130] MORAIS, Carlos Willians Jaques. Habermas e Höffe: solipsismo metódico ou razão cosmopolita em Kant?. *Publicatio UEPG*, Ponta Grossa, v. 18, n. 2, 2010. p. 116. Disponível em: https://doi.org/10.5212/publ.humanas.v18i2.1105. Acesso em 1 ago. 2023.

[131] STRECK, Lenio Luiz. Notícia de última hora: CNJ autoriza cura de juiz solipsista!. *Conjur*, [s. l.], 2017. Disponível em: https://www.conjur.com.br/2017-set-21/senso-incomum-noticia-ultima-hora-cnj-autoriza-cura-juiz-solipsista. Acesso em 1 ago. 2023.

É claro que o debate sobre o autoritarismo não é novo. Desde os filósofos gregos antigos, socráticos ou não, passando pela Roma Antiga de Marco Túlio Cícero, assim como pelos pensadores das Idades Média e Moderna até os dias atuais, temos notícias de reflexões sobre a tirania e a democracia. Porém, no que mais interessa ao presente texto, é possível dizer que ditos estudos ganharam novo impulso após a Segunda Guerra Mundial, quando diversos países, interessados na consolidação de um Estado de Direito Democrático, passaram a se preocupar mais com o tema, voltando-o, sobretudo, à Teoria do Direito, à Filosofia do Direito, ao Direito Constitucional e, finalmente, ao Direito Processual. Após a Segunda Grande Guerra, os debates, que antes se restringiam quase sempre a círculos intelectuais mais fechados e eruditos, ganham um viés mais prático, jurídico e político.[132]

O solipsismo judicial, ocorre, nesse sentido, quando há um obscurecimento da atividade de julgar, tornando-a inacessível à crítica, o que, por conseguinte, possibilitaria o estabelecimento da crença de que o julgador, por características que lhe seriam inerentes, tenha a capacidade de dizer o que é bom, justo, certo e verdadeiro para o restante da sociedade.[133]

Referido fenômeno pode ser observado quando as decisões judiciais se fundamentam em afirmações de cunho subjetivo e discricionário, como "minha íntima convicção", "minha compreensão", "decido conforme minha consciência", entre outras conjugações do vocábulo que permitem antever essa radicalização do subjetivismo.

Aliado à prática forense e ao uso formalístico da linguagem, tem-se alto grau de discricionariedade ao juiz na adequação das sentenças a situações fáticas indeterminadas, e a cisão proposta por Kelsen e Hart, entre Direito e moral, fragiliza a racionalidade da interpretação e fundamentação do direito, conforme expõe André Cordeiro Leal:

> A cisão entre Direito e moral proposta por Kelsen e Hart leva-os a renunciar, entretanto, como se verá, à tangência de aspectos relevantes da própria racionalidade da interpretação e fundamentação do Direito nas sociedades pós-metafísicas. Por esse motivo, deixaram a

---

[132] MADEIRA, Dhenis Cruz. O que é solipsismo judicial? *Revista Jurídica da Presidência*, Brasília, DF, v. 22, n. 126, p. 191-210, fev./mai. 2020. p. 193.

[133] MADEIRA, Dhenis Cruz. O que é solipsismo judicial? *Revista Jurídica da Presidência*, Brasília, DF, v. 22, n. 126, p. 191-210, fev./mai. 2020. p. 194.

largo a problematização da necessidade de explicação dos motivos fático-jurídicos que conduzem o julgador a uma determinada decisão.[134]

Como se extrai das colocações anteriores, o solipsismo, muitas vezes, adota imprecisamente a técnica do silogismo, a induzir premissas equivocadas para justificar o resultado que a discricionaridade pretende atingir, pauta-se por valores morais e compreensões particulares do próprio decisor.

O silogismo é um raciocínio dedutivo advindo do pensamento aristotélico. Esse raciocínio é estruturado formalmente a partir de duas proposições (ou premissas) das quais se obtém uma conclusão por inferência (*v.g.*, "todos os homens são mortais; os gregos são homens; logo, os gregos são mortais").

A aplicação do silogismo nas decisões judiciais se deu a partir do positivismo e ainda continua sendo aplicada nas decisões judiciais nesse século XXI, mesmo após o constitucionalismo do século XX.

Em trabalho ainda atual na descrição desse fenômeno, Claude Du Pasquier explica o modelo de aplicação do silogismo como uma operação de subsunção do fato à norma: "Aplicar uma norma é transpor para um caso particular e concreto a decisão contida na norma abstrata. Esta aplicação envolve, portanto, uma passagem do abstrato ao concreto, do geral ao particular, em suma, uma dedução. Seu instrumento é o silogismo".[135]

No Brasil, as decisões judiciais fundamentadas a partir da discricionaridade e subjetividade não são exceções.

De fato, ainda, são exaradas decisões judiciais com forma solipsista como decisão da 1ª Vara de Jundiaí/SP, na qual o juiz concedeu liminar, com fundamento supralegal para impedir a apresentação de uma peça teatral intitulada "O Evangelho segundo Jesus, Rainha do Céu" ao fundamento do atentado à dignidade da fé cristã, afirmando

---

[134] LEAL, André Cordeiro. *O contraditório e a fundamentação das decisões*. Belo Horizonte: Malheiros, 2002. p. 22.

[135] Texto original: "Appliquer une régle, c'est transposer sur un cas particulier et concret la décision incluse dans la règle abstraite. Cette application comporte donc un passage de l'abstrait au concret, du géneral au particulier, bref une déduction. Son instrument est le syllogisme". (DU PASQUIER, Claude. *Introduction à la Théorie Génerale et à la Philosophie du Droit*. 4. ed. Neuchâtel: Delachaux et Niestlé, 1967. p. 126, tradução nossa).

que "JESUS CRISTO não é uma imagem e muito menos um objeto de adoração apenas, mas sim O FILHO DE DEUS".[136]

Também em 2017, a Revista Veja veiculou notícia, segundo a qual um juiz do Tribunal de Justiça do Distrito Federal e Territórios teria concedido uma liminar permitindo que psicólogos pudessem tratar gays e lésbicas como doentes e pudessem fazer terapias de reversão sexual sem sofrer qualquer tipo de censura por parte do Conselho Federal de Psicologia, mesmo após a proibição do referido Conselho, editada em 1999, e a declaração da OMS de que a homossexualidade não é considerada como doença.[137]

Na área criminal, também, observam-se decisões adotando o solipsismo como fundamento de decidir. É o que se extrai da leitura dos autos da ação penal nº 0006529- 86.2016.8.26.0224, no foro de Guarulhos/SP, cuja demanda versava sobre um espancamento e atos violentos realizados por um pai em razão da descoberta do relacionamento íntimo da filha, na qual o juiz decidiu pela improcedência da pretensão punitiva a partir de fundamento subjetivo:

> A meu ver, não está caracterizado o crime tipificado no art. 129, §9º do Código Penal, eis que não restou demonstrado o dolo na conduta, quando, na verdade, a real intenção do pai era apenas corrigir a filha. A conduta assim desenvolvida encontra-se acobertada por causa supralegal de exclusão de antijuridicidade autorizando a absolvição do acusado.[138]

Mesmo no Supremo Tribunal Federal, observam-se decisões fundamentadas a partir de princípios supralegais e argumentos discricionários, conforme se verifica do voto do Ministro Dias Toffoli, no Habeas Corpus 103.412/SP:

---

[136] SÃO PAULO. Tribunal de Justiça do Estado de São Paulo (1ª Vara Cível da Comarca de Jundiaí). *Autos nº 1016422-86.2017.8.26.0309*. Juiz Luiz Antonio de Campos Júnior, 15 de setembro de 2017a. Disponível em: https://www.conjur.com.br/dl/juiz-proibe-peca-representa-jesus.pdf. Acesso em 1 ago. 2023.

[137] BASSETTE, Fernanda. Justiça permite tratar homossexualidade como doença. *Revista Veja*, [s. l.], 20 set. 2017. Disponível em: https://veja.abril.com.br/brasil/justica-permite-tratar-homossexualidade-como-doenca. Acesso em 1 ago. 2023.

[138] SÃO PAULO. Tribunal de Justiça do Estado de São Paulo (Vara de Violência Doméstica e Familiar contra a Mulher da Comarca de Guarulhos). *Autos nº 0006529-86.2016.8.26.0224*. Juiz Luiz Antonio de Campos Júnior, 5 de setembro de 2017b. Disponível em: https://www.conjur.com.br/dl/pai-espancou-filha-redacted.pdf. Acesso em 1 ago. 2023.

Também cumprimento a eminente Relatora pelo profundo voto trazido, e digo que penalizar a cogitação, ou a imaginação ou o pensamento, só Deus pode fazer, e não o homem. Nós não estamos nesta esfera de cognição. Mas verifico, já falando em Deus, que os astros hoje estão alinhados pela concessão das ordens.[139]

Ainda, em metodologia exemplificativa, colaciona-se decisão em apelação nº 1.0000.21.070568-7/001 do Tribunal de Justiça de Minas Gerais,[140] que negou provimento a apelação sem sequer enfrentar a arguição de Coisa Julgada, que levou a própria Vice-Presidência a admitir Recurso Especial aos seguintes fundamentos:

> Dentre outras alegações, sob o apontamento de violação ao artigo 1.022, I e II, do CPC, os recorrentes deduzem omissão no acórdão quanto à tese de ofensa à coisa julgada, considerada a determinação judicial que fixou os honorários advocatícios "no valor correspondente a 12% (doze por cento) da quantia total e atualizada das parcelas remanescentes do financiamento que foram quitadas em razão do seguro". Argumentam que, malgrado a interposição dos declaratórios, o Colegiado não supriu o vício indicado, pretendendo a reforma do acórdão.
> A parte contrária apresentou contrarrazões recursais.
> Admissível o apelo.
> As razões recursais incutiram razoável dúvida em juízo de admissibilidade ao deduzirem omissão não suprida na via declaratória, de sorte que tal situação autoriza a apreciação do recurso espeial pela Corte unformizadora ao enfoque da apontada violação ao artigo 1.022, inciso II, do Código de Processo Civil, consoante orienta o próprio Superior Tribunal de Justiça [...].[141]

---

[139] BRASIL. Supremo Tribunal Federal (1º Turma). *Habeas Corpus 103.412/SP*. DIREITO PENAL. HABEAS CORPUS. CRIME DE QUADRILHA. CONFIGURAÇÃO TÍPICA. REQUISITOS. [...]. Relatora Min. Rosa Weber, 19 de junho de 2002. p. 14. Disponível em: https://redir.stf.jus.br/paginadorpub/paginador.jsp?docTP=TP&docID=2612894. Acesso em 1 ago. 2023.

[140] MINAS GERAIS. Tribunal de Justiça de Minas Gerais. *Autos nº 1.0000.21.070568-7/001*. Des. José Augusto Lourenço dos Santos, 31 de março de 2022. Disponível em: https://pe.tjmg.jus.br/rupe/assinarConteudo?acao=download&viewFile=true&desenveloparArquivoAssinado=true&adicionarLinkValidacao=false&idArquivoDownload=216875940&hashArquivo=003891afb8e32e28c33fbc28715d184f. Acesso em 10 fev. 2024.

[141] MINAS GERAIS. Tribunal de Justiça de Minas Gerais. *Autos nº 1.0000.21.070568-7/003*. Des. Vice-Presidente Ana Paula Caixeta, 11 de novembro de 2022. Disponível em: https://pe.tjmg.jus.br/rupe/assinarConteudo?acao=download&viewFile=true&desenveloparArquivoAssinado=true&adicionarLinkValidacao=false&idArquivoDownload=291347918&hashArquivo=f9745d0ce7f48324a08681ccb8e9c762. Acesso em 10 fev. 2024.

Esse último exemplo decorre da não aplicação do contraditório previsto em lei (art. 489, §1º, inciso IV, do CPC).

Essa compreensão de aplicação do método solipsista nas decisões judiciais é publicizada por Aroldo Plínio Gonçalves: "A aplicação do Direito pelo juiz resumia-se a um raciocínio silogístico, em que a lei comparecia como premissa maior, o caso concreto como premissa menor e a sentença como conclusão".[142]

Aroldo Plínio Gonçalves também explicita sobre a aplicação do silogismo na quadra da evolução da ciência do direito:

> É compreensível que, na falta de uma construção científica mais aprimorada, em uma época em que o Direito da aplicação estava se reconstruindo, pela elaboração de seus conceitos, o pensamento jurídico, necessitando de um ponto de apoio para explicar o procedimento da aplicação, houvesse recorrido ao silogismo.[143]

A mera adoção de métodos da filosofia da consciência nos atos judiciais, como cláusulas gerais e princípios genéricos, gera liberdade para os juízes definirem o litígio com ampla subjetividade.[144]

A concepção da subjetividade em Habermas difere-se da compreensão kantiana, como se infere da explicação apresentada pelo autor em palestra proferida em 2001 na Universidade de Sorbone, em Paris, sobre a liberdade subjetiva e a força de obrigatoriedade de um discurso prático entre os participantes de um diálogo:

> Quanto à liberdade subjetiva, não é difícil imaginar que algumas pessoas possam gozar da liberdade e outras não, ou que algumas possam ser mais livres do que outras. A autonomia, ao contrário, não é um conceito distributivo e não pode ser alcançada individualmente. Nesse sentido enfático, uma pessoa só pode ser livre se todas as demais o forem igualmente. A ideia que quero sublinhar é a seguinte: com sua noção de autonomia, o próprio Kant já introduz um conceito que só pode explicitar-se plenamente dentro de uma estrutura intersubjetivista. E

---

[142] GONÇALVES, Aroldo Plínio. *Técnica processual e teoria do processo*. Belo Horizonte: Del Rey, 2016. p. 29.

[143] GONÇALVES, Aroldo Plínio. *Técnica processual e teoria do processo*. Belo Horizonte: Del Rey, 2016. p. 29.

[144] MARINONI, Luiz Guilherme; MITIDIERO, Daniel. Cultura religiosa, previsibilidade e unidade do direito pelo precedente. *In*: ANNUAL CONFERENCE OF INTERNATIONAL ASSOCIATION OF PROCEDURAL LAW, [s. l.: s. n.], 2014. *Anais [...]*. Seoul: IAPL, 2014. p. 1-2.

como essa ideia está indissociavelmente ligada ao conceito de razão prática, e ambas colaboram para constituir o conceito de pessoalidade, parece-me que só podemos preservar a substância mesma da filosofia de Kant dentro de uma estrutura que nos impeça de desenvolver a concepção de subjetividade independentemente de quaisquer relações internas desta com a intersubjetividade. [...] O que pesa sobre as decisões dos participantes de um discurso prático é a força da obrigatoriedade daquela espécie de razões que, em tese, podem convencer a todos igualmente – não só as razões que refletem minhas preferências, ou as de qualquer outra pessoa, mas as razões à luz das quais todos os participantes podem descobrir juntos, dado um assunto que precisa ser regulamentado, qual a prática que pode atender igualmente aos interesses de todos.[145]

O solipsismo mostra-se, pois, como um obstáculo incontornável à legitimidade democrática, uma vez que possibilita o exercício arbitrário da atividade jurisdicional. Nesse sentido, Habermas adverte: "Trata-se aí do velho problema de como pode ser realizado o projeto racional de uma sociedade justa que se contrapõe abstratamente a uma realidade sem razão".[146]

A adoção do modelo solipsista nas decisões judiciais em pleno século XXI é resquício de um pensamento filosófico que desaguou nas crises humanitárias do último século. Afinal, sem se observar os direitos fundamentais (o que se observa no direito clássico e seu positivismo sem moral) não há lastro ao Estado Democrático de Direito.

Aqui se faz necessário lembrar as dificuldades de superar conceitos velhos para a adoção de um novo pensar, de um novo mapa mental, como registrado pelo apóstolo Paulo em uma de suas epístolas:

Quanto à antiga maneira de viver, vocês foram ensinados a despir-se do velho homem, que se corrompe por desejos enganosos, a serem renovados no modo de pensar e a revestir-se do novo homem, criado para ser semelhante a Deus em justiça e em santidade provenientes da verdade.[147]

---

[145] HABERMAS, Jürgen. *A ética da discussão e a questão da verdade*. (Trad. Marcelo Brandão Cipolla). São Paulo: Martins Fontes, 2007. p. 13-15.

[146] HABERMAS, Jürgen. *Facticidade e validade*: contribuições para uma teoria discursiva do direito e da democracia. (Trad. Felipe Gonçalves e Rúrion Melo). 2. ed. São Paulo: Unesp, 2021. p. 97.

[147] TARSO, Paulo de. Carta a Efésio *In*: NOVO TESTAMENTO. *Bíblia*. [S. l.]: Claretiana, 2004.

Ao refutar cientificamente e formalmente, a teoria de justiça de John Rawls, por considerá- la ambígua, Jürgen Habermas fundamenta sua crítica ao apontar requisitos necessários de uma decisão judicial:

> Uma teoria da justiça talhada sobre relações modernas de vida precisa dar conta de uma variedade de formas e planos de vida que coexistem em pé de igualdade; da perspectiva de diferentes tradições históricas de vida, sempre haverá espaço para um dissenso razoável ao seu respeito. Por isso, ela deve se limitar ao círculo estreito daquelas questões de princípios político-morais em torno das quais um consenso sobreposto pode ser esperado.[148]

Nesse aspecto, o que Habermas propõe é que haja uma teoria de validade universal das decisões judiciais. O juiz deverá decidir mediante uma construção do direito, visando o futuro institucional, mas "a partir de uma leitura adequada da realidade social presente".[149]

Nesse sentido, não seria a forma ou um conteúdo moral (fundamento do solipsismo) que daria validade às decisões judiciais, mas sim o procedimento que legitima e instaura o direito. Habermas lança sua compreensão sobre legitimidade e validade do direito, por consequência, das decisões judiciais:

> A questão sobre quais dessas leis são legítimas não pode ser respondida atendo-se exclusivamente à forma dos direitos subjetivos. Apenas com o auxílio do princípio do discurso mostra-se que cada um tem direito à maior medida possível de iguais liberdades subjetivas de ação. São legítimas apenas aquelas regulações que satisfazem essa condição de compatibilidade entre o direito de cada um e o igual direito de todos.[150]

Em "Teoria Pura do Direito", Kelsen afasta a possibilidade de validação de decisões judiciais a partir de um processo silogístico:

---

[148] HABERMAS, Jürgen. *Facticidade e validade*: contribuições para uma teoria discursiva do direito e da democracia. (Trad. Felipe Gonçalves e Rúrion Melo). 2. ed. São Paulo: Unesp, 2021. p. 101.

[149] HABERMAS, Jürgen. *Facticidade e validade*: contribuições para uma teoria discursiva do direito e da democracia. (Trad. Felipe Gonçalves e Rúrion Melo). 2. ed. São Paulo: Unesp, 2021. p. 173.

[150] HABERMAS, Jürgen. *Facticidade e validade*: contribuições para uma teoria discursiva do direito e da democracia. (Trad. Felipe Gonçalves e Rúrion Melo). 2. ed. São Paulo: Unesp, 2021. p. 173.

CAPÍTULO 2
O MODELO SOLIPSISTA DA DECISÃO JUDICIAL E A LEGALIDADE DO POSITIVISMO JURÍDICO | 63

Como uma ciência jurídica positivista considera o autor da Constituição que foi historicamente a primeira como a autoridade jurídica mais alta e, por isso, não pode afirmar que a norma: "Devemos obedecer às ordens do autor da Constituição" é o sentido subjetivo do ato de vontade de uma instância supraordenada ao autor da Constituição – *v.g.* Deus ou a natureza –, ela não pode fundamentar a validade dessa norma num processo silogístico. Uma ciência jurídica positivista apenas pode constatar que esta norma é pressuposta como norma fundamental – no sentido que acabamos de patentear – na fundamentação da validade objetiva das normas jurídicas.[151]

A partir dessa compreensão, ao explicitar sobre a legitimidade do direito na teoria de Kelsen, André Del Negri[152] esclarece que o autor analisou a legitimidade e a validade do direito de acordo com o pensamento positivista.

Para Habermas, a partir da teoria do direito de Dworkin (direito como integridade), a racionalidade de uma jurisprudência seria encontrada nas decisões que satisfaçam simultaneamente os critérios de segurança jurídica e de aceitabilidade racional[153] e indica a jurisdição constitucional como ponto de referência metodológico institucionalmente tangível.[154]

Na construção da decisão judicial, o juiz deve fazê-lo com base na facticidade e nos argumentos trazidos pelas partes a partir dos quais se escolhe o melhor argumento, sendo defeso a inovação ou surpresa das partes.[155]

Afinal, "o juiz individual tem de conceber sua interpretação construtiva fundamentalmente como um empreendimento comum,

---

[151] KELSEN, Hans. *Teoria pura do direito.* (Trad. João Baptista Machado). 8. ed. São Paulo: Martins Fontes, 2009. p. 388.

[152] DEL NEGRI, André. *Controle de constitucionalidade no processo legislativo:* teoria da legitimidade democrática. 2. ed. Belo Horizonte: Fórum, 2008. p. 63.

[153] HABERMAS, Jürgen. *Facticidade e validade:* contribuições para uma teoria discursiva do direito e da democracia. (Trad. Felipe Gonçalves e Rúrion Melo). 2. ed. São Paulo: Unesp, 2021. p. 307.

[154] HABERMAS, Jürgen. *Facticidade e validade:* contribuições para uma teoria discursiva do direito e da democracia. (Trad. Felipe Gonçalves e Rúrion Melo). 2. ed. São Paulo: Unesp, 2021. p. 308.

[155] Art. 10. O juiz não pode decidir, em grau algum de jurisdição, com base em fundamento a respeito do qual não se tenha dado às partes oportunidade de se manifestar, ainda que se trate de matéria sobre a qual deva decidir de ofício. (BRASIL. Lei nº 13.105, de 16 de março de 2015. Código de Processo Civil. Brasília, Diário Oficial da União, 17 de março de 2015).

sustentado pela comunicação pública dos cidadãos".[156] E Habermas completa: "Correção significa aceitabilidade racional apoiada em bons argumentos. A validez de um juízo é certamente definida pelo cumprimento de suas condições de validade".[157]

Infere-se, por conseguinte, que para a teoria da ação, a legitimidade das normas jurídicas está diretamente relacionada ao pressuposto da racionalidade. Nesse sentido, a atuação judicial realizada em parâmetros discricionários não se mostra apta à legitimidade do direito.

Assim, o modelo solipsista não atende à necessidade de validade das decisões judiciais em um Estado Democrático de Direito, uma vez que se mostra incompatível com a legitimidade democrática do direito instituído por um procedimento racional e comunicativo, conforme propõe a teoria discursiva habermasiana.

2.2 Das normas morais às normas jurídicas: razão prática e direito positivo

O Estado Democrático de Direito impõe que a governança possa ser controlada pelo sistema de poder instituído de forma legítima que, por sua vez, também é responsável pelo estabelecimento do direito válido.

A positivação legítima do Direito, dessa forma, perpassa necessariamente pela participação social (direitos políticos) por meio da institucionalização jurídica da formação pública da opinião e da vontade, que culminam na normatização das políticas em leis, resguardadas as distinções entre as questões morais e políticas.

Sobre a relação entre a moral e política, Habermas esclarece que:

> [...] a vontade moralmente livre permanece de certa forma virtual, por se referir apenas ao que poderia ser aceito racionalmente por todas as pessoas, enquanto a vontade política de uma comunidade jurídica, que certamente deve estar em consonância com discernimentos morais,

---

[156] HABERMAS, Jürgen. *Facticidade e validade*: contribuições para uma teoria discursiva do direito e da democracia. (Trad. Felipe Gonçalves e Rúrion Melo). 2. ed. São Paulo: Unesp, 2021. p. 289-290.

[157] HABERMAS, Jürgen. *Facticidade e validade*: contribuições para uma teoria discursiva do direito e da democracia. (Trad. Felipe Gonçalves e Rúrion Melo). 2. ed. São Paulo: Unesp, 2021. p. 293.

também é expressão de uma forma de vida intersubjetivamente partilhada, de interesses existentes e de fins pragmaticamente escolhidos.[158]

E completa: "Às razões morais são acrescentadas as razões éticas e pragmáticas" com um refinamento de formação de opinião para formação da vontade.[159]

Essas considerações apresentadas pelo marco teórico adotado são relevantes para tratar das distinções entre normas morais e normas jurídicas.

A necessária compreensão teleológica da combinação entre normas morais e normas jurídicas fica, ainda, mais evidente no Estado Democrático de Direito, na contraposição entre preceitos normativos e interesses subjetivos individuais, como é o caso dos tributos e das normas de segurança social.[160]

As normas jurídicas não se encontram no mesmo nível de abstração que as normas morais.

As normas morais são genericamente aceitas de modo racional, na forma de uma vida intersubjetivamente partilhada como meio de ação jurídica que permite a realização das decisões de uma vontade política democrática, como explica Habermas:

> As normas morais podiam se fundar sobre uma pretensão de validade puramente cognitiva, porque o princípio de universalização disponibiliza uma regra de argumentação que torna possível decidir racionalmente questões-prático-morais.[161]

Já as normas jurídicas precisam ser impostas e necessitam de uma declaração da autoridade estatal para legitimar a validade do direito. Para Habermas, "normas jurídicas obtêm sua validez ao poderem ser

---

[158] HABERMAS, Jürgen. *Facticidade e validade*: contribuições para uma teoria discursiva do direito e da democracia. (Trad. Felipe Gonçalves e Rúrion Melo). 2. ed. São Paulo: Unesp, 2021. p. 204.

[159] HABERMAS, Jürgen. *Facticidade e validade*: contribuições para uma teoria discursiva do direito e da democracia. (Trad. Felipe Gonçalves e Rúrion Melo). 2. ed. São Paulo: Unesp, 2021. p. 205.

[160] HABERMAS, Jürgen. *Facticidade e validade*: contribuições para uma teoria discursiva do direito e da democracia. (Trad. Felipe Gonçalves e Rúrion Melo). 2. ed. São Paulo: Unesp, 2021. p. 205.

[161] HABERMAS, Jürgen. *Facticidade e validade*: contribuições para uma teoria discursiva do direito e da democracia. (Trad. Felipe Gonçalves e Rúrion Melo). 2. ed. São Paulo: Unesp, 2021. p. 208.

justificadas com razões não apenas morais, mas também pragmáticas e ético-políticas".[162]

Concluindo sua compreensão sobre normas morais e normas jurídicas, Habermas sintetiza que "as razões que justificam as regras morais conduzem a um consentimento racionalmente motivado", enquanto as razões ou fundamentação que justificam as normas jurídicas "servem a um acordo racionalmente motivado".[163]

Apesar da importância na formação do direito das normas morais e das normas jurídicas, na fundamentação de uma decisão judicial "a imparcialidade do juiz não é afirmada por um princípio de universalização, mas por um princípio de adequação".[164]

Desde a compreensão de Kant, a vontade autônoma esteve vinculada pela razão prática, pelo que Habermas concluiu que "a vontade autônoma se internalizou na razão".[165] A razão prática é a liberdade do homem como sujeito privado, que também pode assumir o papel de um membro da sociedade civil. É essa integração do indivíduo na construção da governança do Estado, por meio da força de integração social da vontade unânime e associada dos cidadãos livres e iguais, por influência da noção de uma sociedade instituída pelo contrato social, que ter-se-ia uma ordem jurídica legítima.

Sem essa integração do indivíduo na sociedade organizada, o direito positivado não poderia assegurar as bases de sua legitimidade unicamente na legalidade que deixa à mercê dos destinatários suas atitudes e motivos, como pontua Jürgen Habermas.[166]

O direito positivo supera e acomoda a razão prática, principalmente superando a força da norma moral, por meio da garantia que o Estado oferece ao impor o direito com finalidade de estabilização

---

[162] HABERMAS, Jürgen. *Facticidade e validade*: contribuições para uma teoria discursiva do direito e da democracia. (Trad. Felipe Gonçalves e Rúrion Melo). 2. ed. São Paulo: Unesp, 2021. p. 209.

[163] HABERMAS, Jürgen. *Facticidade e validade*: contribuições para uma teoria discursiva do direito e da democracia. (Trad. Felipe Gonçalves e Rúrion Melo). 2. ed. São Paulo: Unesp, 2021. p. 210.

[164] HABERMAS, Jürgen. *Facticidade e validade*: contribuições para uma teoria discursiva do direito e da democracia. (Trad. Felipe Gonçalves e Rúrion Melo). 2. ed. São Paulo: Unesp, 2021. p. 216.

[165] HABERMAS, Jürgen. *Facticidade e validade*: contribuições para uma teoria discursiva do direito e da democracia. (Trad. Felipe Gonçalves e Rúrion Melo). 2. ed. São Paulo: Unesp, 2021. p. 218.

[166] HABERMAS, Jürgen. *Facticidade e validade*: contribuições para uma teoria discursiva do direito e da democracia. (Trad. Felipe Gonçalves e Rúrion Melo). 2. ed. São Paulo: Unesp, 2021. p. 68.

de expectativas, uma vez que "o direito moderno permite substituir convicções por sanções, liberando os motivos da obediência às regras sem deixar de impor sua observância".[167]

A advertência de Habermas sobre as forças que compõem a integração social é elucidativa:

> Sociedades modernas não são integradas apenas socialmente, mediante valores, normas e processos de entendimento, mas também sistemicamente, pelos mercados e pelo poder empregado de maneira administrativa. Dinheiro e poder administrativo são mecanismo de integração social que formam sistemas e não coordenam ações de modo necessariamente intencional [...] impondo custos comunicativos sobre a consciência dos participantes da interação, mas sim objetivamente, como que pelas suas costas.[168]

A higidez das instituições e sistemas de ação são a realidade com a qual o argumento normativo interage. Contudo, Habermas faz uma advertência ao direito moderno, segundo a perspectiva da teoria discursiva: "Uma teoria crítica da sociedade não pode se limitar certamente à descrição da relação entre norma e realidade efetuada pela perspectiva do observador", para que os cidadãos reconheçam entre si seus direitos, "caso pretendam regular legitimamente sua convivência com os meios do direito positivo".[169]

Há normas morais que fundamentam a razão prática e que tornam principal fundamento do direito positivo: os direitos fundamentais. São importantes porque advêm de um consenso dos direitos subjetivos de uma comunidade ou nação e, por isso, estão positivados na Constituição.

---

[167] HABERMAS, Jürgen. *Facticidade e validade*: contribuições para uma teoria discursiva do direito e da democracia. (Trad. Felipe Gonçalves e Rúrion Melo). 2. ed. São Paulo: Unesp, 2021. p. 73.

[168] HABERMAS, Jürgen. *Facticidade e validade*: contribuições para uma teoria discursiva do direito e da democracia. (Trad. Felipe Gonçalves e Rúrion Melo). 2. ed. São Paulo: Unesp, 2021. p. 75.

[169] HABERMAS, Jürgen. *Facticidade e validade*: contribuições para uma teoria discursiva do direito e da democracia. (Trad. Felipe Gonçalves e Rúrion Melo). 2. ed. São Paulo: Unesp, 2021. p. 127.

CAPÍTULO 3

LEGITIMIDADE DEMOCRÁTICA
E AS DECISÕES JUDICIAIS

O direito, conforme depreende-se do marco teórico adotado, é instrumento de estabilização de expectativas de comportamento, porque por meio dele as interações linguísticas podem ser institucionalizadas. A teorização proposta por Habermas, como esclarece André Del Negri,[170] consiste na tentativa de redefinir o papel do Direito nas sociedades complexas, a fim de identificar a possibilidade da existência de um procedimento racional apto a legitimar a lei.

Para a institucionalização do sistema jurídico no sentido estrito, Habermas observa que "é necessária uma autoaplicação do direito na forma de regras secundárias, as quais constituem e transferem competências para produzir, aplicar e implementar o direito",[171] que são as funções do Estado (legislar, julgar e administrar).

Ao fundamentar com Ronald Dworkin a sua distinção entre direito e justiça, Habermas parte da distinção entre filosofia e teoria do direito: "Diferentemente da filosofia, a teoria do direito não pode negligenciar todos aqueles aspectos que surgem da conexão entre direito e poder político, em primeira linha, a questão da autorização jurídica para o emprego estatal da violência legítima"[172] e completa:

---

[170] DEL NEGRI, André. *Controle de constitucionalidade no processo legislativo*: teoria da legitimidade democrática. 2. ed. Belo Horizonte: Fórum, 2008. p. 67.

[171] HABERMAS, Jürgen. *Facticidade e validade*: contribuições para uma teoria discursiva do direito e da democracia. (Trad. Felipe Gonçalves e Rúrion Melo). 2. ed. São Paulo: Unesp, 2021. p. 255.

[172] HABERMAS, Jürgen. *Facticidade e validade*: contribuições para uma teoria discursiva do direito e da democracia. (Trad. Felipe Gonçalves e Rúrion Melo). 2. ed. São Paulo: Unesp, 2021. p. 256.

A teoria do direito abarca também o legislador e a administração, vale dizer, todos os subsistemas que se ocupam da criação e reprodução do direito, assim como o sistema jurídico em sentido amplo. Ela se distingue da dogmática jurídica pela pretensão de alcançar uma teoria da ordem jurídica em seu todo. Nisso leva em consideração as perspectivas dos demais participantes, agregando os papéis do legislador político, da administração e dos parceiros do direito (tanto como clientes quanto [como] cidadãos).[173]

Afinal, o processo de criação do direito que permite interpretar o ordenamento jurídico como emanação da opinião e da vontade discursiva dos cidadãos, para ser legítimo, "tem de fazer referência aos direitos que cada cidadão tem de se atribuir, a fim de obter reconhecimento como sujeito de direito".[174]

É nesse contexto que se encontram os discursos jurídicos capazes de legitimar e determinar o direito aplicado.

3.1 A indeterminação do direito e a hermenêutica: a teoria dos discursos jurídicos

A teoria do direito também é a teoria da jurisprudência e a teoria do discurso jurídico proposta por Habermas, porque "a tensão entre facticidade e validade imanente ao direito se manifesta dentro da jurisprudência como uma tensão entre o princípio da segurança jurídica e a pretensão de uma decisão correta".[175]

A pretensão de uma decisão correta é a busca da validade jurídica de uma decisão. Afinal, segundo Habermas,[176] o direito válido garante a imposição de expectativas de comportamento sancionadas pelo Estado, que é a segurança jurídica.

---

[173] HABERMAS, Jürgen. *Facticidade e validade*: contribuições para uma teoria discursiva do direito e da democracia. (Trad. Felipe Gonçalves e Rúrion Melo). 2. ed. São Paulo: Unesp, 2021. p. 256.

[174] MOREIRA, Luiz. *Fundamentação do direito em Habermas*. Belo Horizonte: Mandamentos, 2004. p. 165.

[175] HABERMAS, Jürgen. *Facticidade e validade*: contribuições para uma teoria discursiva do direito e da democracia. (Trad. Felipe Gonçalves e Rúrion Melo). 2. ed. São Paulo: Unesp, 2021. p. 257.

[176] HABERMAS, Jürgen. *Facticidade e validade*: contribuições para uma teoria discursiva do direito e da democracia. (Trad. Felipe Gonçalves e Rúrion Melo). 2. ed. São Paulo: Unesp, 2021. p. 258.

CAPÍTULO 3
LEGITIMIDADE DEMOCRÁTICA E AS DECISÕES JUDICIAIS | 71

Da mesma forma e, simultaneamente, a aplicação do direito válido visa dar legitimidade às expectativas de comportamento. Somente atendendo aos requisitos de segurança jurídica e legitimidade os juízes podem produzir decisões consistentes e de aceitabilidade racional, segundo propõe Habermas.[177] O autor conclui, portanto, que

> o problema da racionalidade da jurisprudência consiste, assim, em responder como a aplicação de um direito surgido em termos contingentes pode ser cumprida de forma internamente consistente e fundamentada externamente de modo racional, garantindo com isso, simultaneamente, segurança jurídica e correção normativa.[178]

Ao abordar sobre referido problema, Habermas apresenta, então, três alternativas para o tratamento do problema da racionalidade da jurisprudência: a hermenêutica jurídica, o realismo e o positivismo jurídico.[179]

Segundo Habermas, a hermenêutica jurídica propõe para isso um modelo processual de interpretação que começa com uma pré-compreensão ao estabelecer uma relação prévia entre norma e estado de coisas, abrindo horizonte para o estabelecimento de relações posteriores. Ele ainda completa:

> Contra o modelo convencional que enxerga a decisão jurídica como a subsunção de um caso à regra pertinente, a hermenêutica jurídica tem o mérito de ter revalidado a ideia aristotélica de que nenhuma regra pode regular sua própria aplicação.[180]

A hermenêutica, nesse sentido, conforme esclarece Habermas, ao tratar do problema da racionalidade das decisões jurídicas, propõe um modelo processual de interpretação balizado por princípios

---

[177] HABERMAS, Jürgen. *Facticidade e validade*: contribuições para uma teoria discursiva do direito e da democracia. (Trad. Felipe Gonçalves e Rúrion Melo). 2. ed. São Paulo: Unesp, 2021. p. 258.

[178] HABERMAS, Jürgen. *Facticidade e validade*: contribuições para uma teoria discursiva do direito e da democracia. (Trad. Felipe Gonçalves e Rúrion Melo). 2. ed. São Paulo: Unesp, 2021. p. 259.

[179] HABERMAS, Jürgen. *Facticidade e validade*: contribuições para uma teoria discursiva do direito e da democracia. (Trad. Felipe Gonçalves e Rúrion Melo). 2. ed. São Paulo: Unesp, 2021. p. 259.

[180] HABERMAS, Jürgen. *Facticidade e validade*: contribuições para uma teoria discursiva do direito e da democracia. (Trad. Felipe Gonçalves e Rúrion Melo). 2. ed. São Paulo: Unesp, 2021. p. 259.

historicamente aceitos; o que, segundo o autor, nas sociedades complexas e plurais, não é capaz de garantir a validez das decisões judiciais.[181]

A mesma fragilidade da proposta da hermenêutica jurídica seria observada na proposta realista, isso porque, como explica Habermas, as explicações baseadas em fatores externos sobre a decisão judicial fariam desaparecer a lógica do direito e a segurança jurídica:

> Na medida em que o resultado de um processo judicial pode ser explicado pelas posições de interesse, pelo processo de socialização, pelo estrato social, pela orientação política e pela estrutura de personalidade do juiz, ou ainda pelas tradições ideológicas, pelas constelações de poder, pelos fatores econômicos e de outros tipos que operam dentro e fora do sistema jurídico, a prática decisória já não é determinada internamente pela seletividade do procedimento, pelas bases fáticas e pelos fundamentos jurídicos. [...] Na visão do realismo jurídico, da escola do direito livre e da jurisprudência dos interesses, não se pode mais estabelecer nenhuma diferença clara entre direito e política com base em características estruturais. Entretanto, se os processos de decisão jurídica podem ser descritos de modo similar aos processos políticos de poder, o postulado que exige a garantia da segurança jurídica por meio de decisões consistentes, com base em um sistema de normas suficientemente determinadas, perde seu sentido. A produção jurídica do passado deixa de reger as decisões atuais na medida em que estas repousam amplamente na discricionariedade do juiz.[182]

Já o positivismo jurídico, como pontua Habermas, busca solucionar o problema da racionalidade das decisões judiciais pelo critério da normatividade, fundamentando-o em uma estrutura sistemática de regras autônomas aptas a possibilitar a consistência das decisões em contraponto aos princípios extrajurídicos.[183]

Como Habermas apresenta, o problema da racionalidade das decisões judiciais também não é totalmente enfrentado pelo positivismo

---

[181] HABERMAS, Jürgen. *Facticidade e validade*: contribuições para uma teoria discursiva do direito e da democracia. (Trad. Felipe Gonçalves e Rúrion Melo). 2. ed. São Paulo: Unesp, 2021. p. 259-260.

[182] HABERMAS, Jürgen. *Facticidade e validade*: contribuições para uma teoria discursiva do direito e da democracia. (Trad. Felipe Gonçalves e Rúrion Melo). 2. ed. São Paulo: Unesp, 2021. p. 261.

[183] HABERMAS, Jürgen. *Facticidade e validade*: contribuições para uma teoria discursiva do direito e da democracia. (Trad. Felipe Gonçalves e Rúrion Melo). 2. ed. São Paulo: Unesp, 2021. p. 262.

jurídico, já que, diante da indeterminação do direito válido, o juiz estaria obrigado a decidir segundo sua própria discricionariedade.[184]

Na tentativa de superar as deficiências das abordagens anteriores, a hermenêutica jurídica, o realismo e o positivismo jurídico, Habermas[185] esclarece que a teoria dos direitos de Ronald Dworkin utiliza-se de uma concepção deontológica de direitos. Assim, Habermas conclui que Dworkin lança as seguintes soluções contra as fragilidades das abordagens anteriores:

> Contra o realismo, Dworkin se atém tanto à necessidade quanto à possibilidade de decisões consistentes vinculadas a regras e que garantam um grau suficiente de segurança jurídica. Contra o positivismo, defende a necessidade e a possibilidade de uma "única decisão correta" a cada caso, cujo conteúdo (e não apenas a forma de seu procedimento) é legitimado à luz de princípios reconhecidos. A referência hermenêutica a uma pré-compreensão determinada por princípios, entretanto, não restringe o juiz à história dos efeitos de tradições autoritativas dotadas de conteúdo normativo; esse recurso o obriga, em vez disso, a apropriar-se criticamente de uma história institucional do direito na qual a razão prática foi deixando suas trilhas.[186]

Nesse sentido, a partir de uma metodologia que adota a inexistência de equívoco das decisões judiciais (uma só possível decisão para cada caso julgado), Dworkin propõe que o fundamento das decisões não seja apenas as normas – "uma teoria geral do direito deve ser ao mesmo tempo normativa e conceitual [...]. Ela deve conter uma teoria da legislação, da decisão judicial e da observância da lei".[187]

Segundo Ronald Dworkin,[188] que denomina de "teoria dominante" a teoria moderna de direito (positivismo), para atender aos

---

[184] HABERMAS, Jürgen. *Facticidade e validade*: contribuições para uma teoria discursiva do direito e da democracia. (Trad. Felipe Gonçalves e Rúrion Melo). 2. ed. São Paulo: Unesp, 2021. p. 263.

[185] HABERMAS, Jürgen. *Facticidade e validade*: contribuições para uma teoria discursiva do direito e da democracia. (Trad. Felipe Gonçalves e Rúrion Melo). 2. ed. São Paulo: Unesp, 2021. p. 264.

[186] HABERMAS, Jürgen. *Facticidade e validade*: contribuições para uma teoria discursiva do direito e da democracia. (Trad. Felipe Gonçalves e Rúrion Melo). 2. ed. São Paulo: Unesp, 2021. p. 264.

[187] DWORKIN, Ronald. *Levando os direitos a sério*. (Trad. Nelson Boeira). 3. ed. São Paulo: Martins Fontes, 2010. p. VIII.

[188] DWORKIN, Ronald. *Levando os direitos a sério*. (Trad. Nelson Boeira). 3. ed. São Paulo: Martins Fontes, 2010. p. XII.

pressupostos democráticos do constitucionalismo previsto nos países que adotam o Estado Democrático de Direito – a partir de meados do século passado –, propõe que as decisões estejam vinculadas aos princípios estabelecidos pela comunidade e que precedem ao direito positivado: "[...] a teoria dominante é falha porque rejeita a ideia de que os indivíduos podem ter direitos contra o Estado, anteriores aos direitos criados através de legislação explícita".[189]

Ronald Dworkin tem como pedra angular de sua pesquisa o princípio que extrai da Décima Quarta Emenda da Constituição dos Estados Unidos por ele denominado de "direito à igual consideração e respeito".[190]

Dworkin, nesse sentido, considera que os princípios podem se sobrepor às regras (leis e contratos) e ser opostos contra a vontade da maioria, conforme se verifica na seguinte passagem: "[...] se esses princípios fizerem parte do direito, apesar do fato de não serem produtos de decisão social ou política deliberada, então o fato de que, neste caso, o direito possa ser natural é um argumento a favor das restrições que a Constituição impõe ao poder da maioria".[191]

Para Ronald Dworkin, as normas ou regras são aplicáveis na forma de dilemas. Segundo o autor, se os fatos que uma norma estipula são dados, então ou a norma é válida, caso em que a resposta que ela dá deve ser aceita, ou não é, e então não apresenta contribuição para a decisão.[192]

Já os princípios não teriam essa aplicação disjuntiva, pois traçam linhas gerais para a orientação e interpretação do direito. Nesse sentido, o autor defende a vantagem da aplicação dos princípios em contraponto às normas:

> Os princípios possuem uma dimensão que as regras não têm – a dimensão de peso ou importância. Quando os princípios se intercruzam [...], aquele que vai resolver o conflito tem que levar em conta a força relativa de cada um. Esta não pode ser, por certo, uma mensuração

---

[189] DWORKIN, Ronald. *Levando os direitos a sério*. (Trad. Nelson Boeira). 3. ed. São Paulo: Martins Fontes, 2010. p. VIII.

[190] DWORKIN, Ronald. *Levando os direitos a sério*. (Trad. Nelson Boeira). 3. ed. São Paulo: Martins Fontes, 2010. p. XVI-XVII.

[191] DWORKIN, Ronald. *Levando os direitos a sério*. (Trad. Nelson Boeira). 3. ed. São Paulo: Martins Fontes, 2010. p. X.

[192] DWORKIN, Ronald. *Levando os direitos a sério*. (Trad. Nelson Boeira). 3. ed. São Paulo: Martins Fontes, 2010. p. 39.

exata e o julgamento que determina que um princípio ou política em particular é mais importante que outra frequentemente será objeto de controvérsia. Não obstante, essa dimensão é uma parte integrante do conceito de um princípio, de modo que faz sentido perguntar que peso ele tem ou quão importante ele é.[193]

São esses alguns dos elementos da teoria do direito como integridade de Ronald Dworkin que, em síntese, lançam uma compreensão de que as decisões judiciais não estão vinculadas só às normas, mas também aos princípios morais que integram o Direito.

Nesse aspecto, em particular, Habermas compartilha da conclusão deontológica de Dworkin e complementa:

> A teoria dos direitos de Dworkin repousa sobre a premissa de que os pontos de vista morais cumprem um papel na jurisprudência porque o direito positivo assimilou conteúdos morais de modo inevitável. [...] Os mencionados efeitos da moral no direito significam apenas que conteúdos morais são traduzidos ao código jurídico e passam a ser dotados de um outro modo de validade.[194]

No mesmo sentido é a compreensão de Habermas: "O juiz individual tem de conceber sua interpretação construtiva fundamentalmente como um empreendimento comum, sustentado pela comunicação pública dos cidadãos".[195]

Um direito válido, por conseguinte, deve ser capaz de garantir segurança jurídica, por meio da imposição de expectativas de comportamento sancionadas pelo Estado, bem como a legitimidade das expectativas.

Essas garantias, a partir da consideração da teoria discursiva, devem ser resgatadas simultaneamente para que os juízos proferidos satisfaçam as condições de decisões consistentes e de aceitabilidade racional.

---

[193] DWORKIN, Ronald. *Levando os direitos a sério*. (Trad. Nelson Boeira). 3. ed. São Paulo: Martins Fontes, 2010. p. 42-43.

[194] HABERMAS, Jürgen. *Facticidade e validade*: contribuições para uma teoria discursiva do direito e da democracia. (Trad. Felipe Gonçalves e Rúrion Melo). 2. ed. São Paulo: Unesp, 2021. p. 265-267.

[195] HABERMAS, Jürgen. *Facticidade e validade*: contribuições para uma teoria discursiva do direito e da democracia. (Trad. Felipe Gonçalves e Rúrion Melo). 2. ed. São Paulo: Unesp, 2021. p. 290.

Segundo Habermas, essa

> [...] pretensão de legitimidade da ordem jurídica requer decisões que não só estejam de acordo com o tratamento dado no passado a casos análogos e com o sistema jurídico vigente, mas que sejam fundamentadas de forma racional, de modo que possam ser aceitas pelos parceiros do direito como decisões racionais.[196]

Todavia, como pontua Habermas,[197] o problema da racionalidade da jurisprudência consiste em responder como a aplicação de um direito surgido em termos contingentes pode satisfazer de forma simultânea a segurança jurídica e a correção normativa. As decisões judiciais no direito moderno, quando pautadas por uma fundamentação subjetiva e discricionária (utilizando parâmetros exclusivamente de ordem moral do decisor), levam à indeterminação do direito, uma vez que impossibilitam a segurança jurídica em razão da consideração de fundamentos inconsistentes e de baixa aceitabilidade racional.

O direito como sistema de ação regula as interações sociais e institucionais pelas normas jurídicas. Já os sistemas jurídicos, além de regularem as interações orientadas pelo direito, também se destinam a produzir direito novo e a reproduzi-lo. Para a institucionalização do sistema jurídico, desse modo, faz-se necessária "uma autoaplicação do direito na forma de regras secundárias, as quais constituem e transferem competências para produzir, aplicar e implementar o direito".[198]

A Teoria do Direito difere da Filosofia do Direito ao lançar compreensões sobre os aspectos que surgem da conexão entre direito e poder político, como a autorização jurídica para o emprego estatal da violência legítima, por exemplo.

A Teoria do Direito também se distingue da dogmática jurídica pela pretensão de alcançar uma teoria da ordem jurídica em seu todo, inclusive "leva em consideração as perspectivas dos demais participantes,

---

[196] HABERMAS, Jürgen. *Facticidade e validade*: contribuições para uma teoria discursiva do direito e da democracia. (Trad. Felipe Gonçalves e Rúrion Melo). 2. ed. São Paulo: Unesp, 2021. p. 258.

[197] HABERMAS, Jürgen. *Facticidade e validade*: contribuições para uma teoria discursiva do direito e da democracia. (Trad. Felipe Gonçalves e Rúrion Melo). 2. ed. São Paulo: Unesp, 2021. p. 259.

[198] HABERMAS, Jürgen. *Facticidade e validade*: contribuições para uma teoria discursiva do direito e da democracia. (Trad. Felipe Gonçalves e Rúrion Melo). 2. ed. São Paulo: Unesp, 2021. p. 255.

agregando os papéis do legislador político, da administração e dos parceiros do direito (tanto como clientes quanto como cidadãos)".[199] Diferentemente da teoria discursiva, no positivismo jurídico, procura-se sustentar a função de estabilização das expectativas de conduta sem ter que apoiar a legitimidade da decisão jurídica na autoridade contestável das tradições éticas.[200]

No positivismo, conclui Habermas, "na medida em que o direito válido não apresenta uma determinação suficientemente precisa de um estado de coisas, o juiz se vê obrigado a decidir segundo sua própria discricionariedade".[201]

Como se é possível depreender das considerações extraídas da análise do tema-problema a partir do marco teórico da presente pesquisa, a indeterminação do direito só pode ser superada com uma teoria de direito e com uma hermenêutica cujos paradigmas jurídicos sejam direcionados à aplicação de normas jurídicas estabilizadoras de expectativas. E nessa equação, os argumentos de princípios gozam de primazia sobre os argumentos de finalidade.[202]

Afinal, todo juiz deveria ser, por princípio, capaz de alcançar em todos os casos uma decisão idealmente válida, compensando a suposta indeterminação do direito pela fundamentação de sua sentença apoiada em uma teoria. Essa teoria deve reconstruir a ordem jurídica dada a partir da historicidade do caso em exame, de modo que o direito vigente seria justificado por um conjunto ordenado de princípios.[203]

Somente a partir de uma fundamentação interna seriam validados resultados de uma prática decisória procedimentalmente correta, observados os princípios procedimentais. O juiz individual teria, nesse sentido, que conceber sua interpretação construtiva fundamentalmente

---

[199] HABERMAS, Jürgen. *Facticidade e validade*: contribuições para uma teoria discursiva do direito e da democracia. (Trad. Felipe Gonçalves e Rúrion Melo). 2. ed. São Paulo: Unesp, 2021. p. 256.

[200] HABERMAS, Jürgen. *Facticidade e validade*: contribuições para uma teoria discursiva do direito e da democracia. (Trad. Felipe Gonçalves e Rúrion Melo). 2. ed. São Paulo: Unesp, 2021. p. 262.

[201] HABERMAS, Jürgen. *Facticidade e validade*: contribuições para uma teoria discursiva do direito e da democracia. (Trad. Felipe Gonçalves e Rúrion Melo). 2. ed. São Paulo: Unesp, 2021. p. 263.

[202] HABERMAS, Jürgen. *Facticidade e validade*: contribuições para uma teoria discursiva do direito e da democracia. (Trad. Felipe Gonçalves e Rúrion Melo). 2. ed. São Paulo: Unesp, 2021. p. 269.

[203] HABERMAS, Jürgen. *Facticidade e validade*: contribuições para uma teoria discursiva do direito e da democracia. (Trad. Felipe Gonçalves e Rúrion Melo). 2. ed. São Paulo: Unesp, 2021. p. 273.

como um empreendimento comum, sustentado pela comunicação pública dos cidadãos.[204]

Não basta haver discurso jurídico sem regras de inferência lógica, regras semânticas e regras de argumentação. Afinal, o procedimento é um espaço jurídico cognitivo e discursivo, conforme compreensão de Ronaldo Brêtas de Carvalho lançada em Técnica Processual:[205]

> Ora, nessa "concepção acentuadamente democrática, sintonizada, pois, com o Estado Democrático de Direito, se o processo é o espaço jurídico cognitivo e discursivo no qual se correlacionam ampla defesa, irrestrita argumentação, contraditório pleno e paritário, direito à prova e fundamentação das decisões, a fim de que os sujeitos do processo (juiz e partes), dentro de um procedimento compartilhado, que permita a cognição dos fatos, tenham a oportunidade de descobrir quais normas de direito serão aplicáveis ao caso em julgamento, segue-se que o destinatário da prova, então, não é o 'juiz' (agente público julgador, a quem o Estado delega a função jurisdicional), como querem alguns autores, como também, não é o 'juízo' (órgão jurisdicional do Estado), [...] mas, sim, o próprio processo, por uma questão de coerência lógico-formal.[206]

Os argumentos são motivos que, sob condições discursivas, resgatam pretensões de validade levantadas com atos de fala constatativos e regulativos, levando racionalmente os participantes da argumentação a aceitarem os correspondentes enunciados descritivos ou normativos como válidos, segundo Habermas.[207]

Os discursos jurídicos têm que ter correção e validez. A correção significa aceitabilidade racional apoiada em bons argumentos, enquanto a validez é definida pelo cumprimento de suas condições de validade.[208]

---

[204] HABERMAS, Jürgen. *Facticidade e validade*: contribuições para uma teoria discursiva do direito e da democracia. (Trad. Felipe Gonçalves e Rúrion Melo). 2. ed. São Paulo: Unesp, 2021. p. 289.

[205] DIAS, Ronaldo Bretas de Carvalho; SOARES, Carlos Henrique. *Técnica processual*. Belo Horizonte: Del Rey, 2015.

[206] DIAS, Ronaldo Bretas de Carvalho; SOARES, Carlos Henrique. *Técnica processual*. Belo Horizonte: Del Rey, 2015. p. 190.

[207] HABERMAS, Jürgen. *Facticidade e validade*: contribuições para uma teoria discursiva do direito e da democracia. (Trad. Felipe Gonçalves e Rúrion Melo). 2. ed. São Paulo: Unesp, 2021. p. 292.

[208] HABERMAS, Jürgen. *Facticidade e validade*: contribuições para uma teoria discursiva do direito e da democracia. (Trad. Felipe Gonçalves e Rúrion Melo). 2. ed. São Paulo: Unesp, 2021. p. 293.

Nesse sentido, diante das caraterísticas do direito de exigências simultâneas de positivação e de fundamentação argumentativas com base em parâmetros ético-morais, Walber Agras pontua que:

> [...] a legitimação do Direito é obtida por meio de procedimentos que se desenrolam por meio de uma sequência de atos jurídicos, cuja decisão será tomada com base no argumento mais robusto, imbuída de preceitos morais. A única coerção admitida durante o procedimento judicial é a força exercida pelo melhor argumento, em uma relação de complementariedade entre o Direito e a moral.[209]

Para Habermas, quando se deseja convencer uns aos outros acerca de algo, pratica-se uma aproximação suficiente das condições ideais de uma situação de fala sem qualquer repressão e desigualdade, pois

> [...] só se pode julgar se normas e valores poderiam alcançar o assentimento racionalmente motivado de todos os concernidos a partir de uma perspectiva intersubjetivamente ampliada da primeira pessoa do plural [...] de modo não coercitivo e sem restrições, as perspectivas de todos os participantes.[210]

É no direito subjetivo que a teoria discursiva de Habermas encontra espaços privativos de atuação dos cidadãos. E nesse sentido, completa Walber Agras, "o espaço público é o elo da ligação [*sic*] entre a política e o Direito, onde os cidadãos respaldariam o melhor argumento para que este pudesse alicerçar a decisão [...] os argumentos morais são uma importante saída para se tentar resolver controvérsias políticas de forma racional".[211]

Como se compreende, é na interlocução das funções de Estado com todos os cidadãos que exsurgem os fundamentos da melhor decisão capaz de solucionar as controvérsias. É nos discursos de aplicação das normas de validez dos partícipes que se extraem os interesses de todos os envolvidos.

---

[209] AGRAS, Walber. Habermas e a teoria da legitimidade da jurisdição constitucional. *Revista Direitos Fundamentais & Justiça*, Porto Alegre/RS, n. 3, abr./jun. 2008. p. 68.

[210] HABERMAS, Jürgen. *Facticidade e validade*: contribuições para uma teoria discursiva do direito e da democracia. (Trad. Felipe Gonçalves e Rúrion Melo). 2. ed. São Paulo: Unesp, 2021. p. 295.

[211] AGRAS, Walber. Habermas e a teoria da legitimidade da jurisdição constitucional. *Revista Direitos Fundamentais & Justiça*, Porto Alegre/RS, n. 3, abr./jun. 2008. p. 69.

Sem essa interlocução discursiva entre as funções estatais e os partícipes do debate não haverá segurança jurídica e aceitabilidade, requisitos para redução da judicialização. É necessária a interlocução de todas as partes com adoção de discursos abertos a todos os argumentos relacionados ao tema em debate.[212]

Pela Teoria Discursiva, os argumentos apresentados no debate contribuem para a obtenção de um juízo imparcial.

Assim, na teoria dos discursos jurídicos, nos discursos de aplicação as normas de validez presumida sempre se relacionam aos interesses de todos os possíveis envolvidos.[213]

Afinal, e também visando a segurança jurídica como medida de redução da judicialização, Habermas observa a necessidade da aceitação das partes das premissas de um debate já que "o discurso jurídico não pode se mover de modo autossuficiente em um universo hermeticamente fechado do direito vigente, mas precisa se manter aberto a argumentos de outras procedências", considerando-se que "a correção das decisões jurídicas é medida pelo cumprimento de condições comunicativas da argumentação que possibilitam a formação de um juízo imparcial".[214]

Todos os participantes no processo trazem contribuições a um discurso que serve à obtenção de um juízo imparcial.[215]

Contudo, é importante salientar que a legislação política não se baseia apenas em argumentos morais, havendo também outros tipos de argumentos. Afinal, "a legitimidade das leis não se mede meramente pela correção de juízos morais" e, "quando temos por base uma

---

[212] Habermas observa a necessidade da aceitação das partes das premissas de um debate já que "o discurso jurídico não pode se mover de modo autossuficiente em um universo hermeticamente fechado do direito vigente, mas precisa manter aberto a argumentos de outras procedências", considerando-se que "a correção das decisões jurídicas é medida pelo cumprimento de condições comunicativas da argumentação que possibilitam a formação de um juízo imparcial". (HABERMAS, Jürgen. *Facticidade e validade*: contribuições para uma teoria discursiva do direito e da democracia. (Trad. Felipe Gonçalves e Rúrion Melo). 2. ed. São Paulo: Unesp, 2021. p. 298.

[213] HABERMAS, Jürgen. *Facticidade e validade*: contribuições para uma teoria discursiva do direito e da democracia. (Trad. Felipe Gonçalves e Rúrion Melo). 2. ed. São Paulo: Unesp, 2021. p. 296.

[214] HABERMAS, Jürgen. *Facticidade e validade*: contribuições para uma teoria discursiva do direito e da democracia. (Trad. Felipe Gonçalves e Rúrion Melo). 2. ed. São Paulo: Unesp, 2021. p. 298.

[215] HABERMAS, Jürgen. *Facticidade e validade*: contribuições para uma teoria discursiva do direito e da democracia. (Trad. Felipe Gonçalves e Rúrion Melo). 2. ed. São Paulo: Unesp, 2021. p. 299.

teoria procedimental, a legitimidade da ordem jurídica é medida pela racionalidade do procedimento democrático de legislação política".[216]

Os discursos jurídicos são incorporados ao sistema jurídico por meio de suas formas de comunicação.[217]

Assim, os discursos jurídicos se referem ao direito democraticamente estabelecido e se mostram juridicamente institucionalizados, uma vez que não se trata apenas do trabalho de reflexão da dogmática jurídica.

3.2 O papel do cidadão no Estado: da razão prática à razão comunicativa

Como já analisado anteriormente, a ruptura com o Direito clássico, em que o direito era apenas a norma positivada, deu-se com a inclusão da moral junto à norma positivada na produção e aplicação do direito.

Para Luiz Moreira,[218] o direito contemporâneo se institucionaliza por meio de um procedimento que emana da relação de complementaridade entre direitos humanos e soberania política dos cidadãos. É esse procedimento que permite ao direito estabelecer-se como normativo.

No Estado Democrático de Direito, são os cidadãos livres e as respectivas formações morais heterogêneas que formam uma responsabilidade por todo o ordenamento jurídico por meio de um foro comum de concretização plena dos seus direitos subjetivos.

Afinal, conforme destaca Walber Agras,[219] apenas em uma sociedade livre, em que os cidadãos possam discutir os seus interesses no espaço público, por meio de argumentos racionais, é que os direitos subjetivos podem ser realizados, devido à corresponsabilidade que existirá dentro das relações.

Ao destacar a fundamentação dos direitos fundamentais pela teoria do discurso, Habermas observa a importância da participação

---

[216] HABERMAS, Jürgen. *Facticidade e validade*: contribuições para uma teoria discursiva do direito e da democracia. (Trad. Felipe Gonçalves e Rúrion Melo). 2. ed. São Paulo: Unesp, 2021. p. 301.

[217] HABERMAS, Jürgen. *Facticidade e validade*: contribuições para uma teoria discursiva do direito e da democracia. (Trad. Felipe Gonçalves e Rúrion Melo). 2. ed. São Paulo: Unesp, 2021. p. 303.

[218] MOREIRA, Luiz. *Fundamentação do direito em Habermas*. Belo Horizonte: Mandamentos, 2004. p. 137.

[219] AGRAS, Walber. Habermas e a teoria da legitimidade da jurisdição constitucional. *Revista Direitos Fundamentais & Justiça*, Porto Alegre/RS, n. 3, abr./jun. 2008. p. 69.

dos cidadãos e suas compreensões morais na estabilização de expectativas de comportamento, denominando-a de "interação moralmente desonerada".[220]

A institucionalização jurídica de um código de direitos tem que ter a garantia de procedimento de forma que cada pessoa prejudicada, mesmo que em tese, possa ter acesso na busca de suas pretensões, conforme esclarece Habermas: "O código do direito não pode ser estabelecido em abstrato, mas apenas pela atribuição mútua de determinados direitos por cidadãos que desejam regular legitimamente sua convivência com o auxílio do direito positivo".[221]

Karol Araújo Durço lança luzes nessa compreensão de Jürgen Habermas:

> A proposta habermasiana funda-se, nesse caminhar, na necessidade de manter a distinção entre praxis e técnica, de forma que a consciência tecnocrática não se imponha como a única referência para intervenção social e para a constituição da individualidade, mas que se (re)valorize uma interação simbolicamente mediada através de ações comunicativas decorrentes de uma outra espécie de racionalidade: a racionalidade comunicativa.[222]

Como proposto na presente pesquisa, a partir da consideração da razão comunicativa na produção da decisão jurídica, tem-se como possível a legitimidade democrática do direito. Isso, pois a razão prática advinda do direito moderno (norma + filosofia do sujeito) não é suficiente à segurança jurídica e à legitimidade democrática, na medida em que não há o engajamento da comunidade com seus valores morais, não sendo possível a estabilização de expectativas de comportamento a partir das interações subjetivas na formação e aplicação do direito.

A compreensão contemporânea do direito tem sua fundamentação no conceito de direito subjetivo, que é o definidor das liberdades

---

[220] HABERMAS, Jürgen. *Facticidade e validade*: contribuições para uma teoria discursiva do direito e da democracia. (Trad. Felipe Gonçalves e Rúrion Melo). 2. ed. São Paulo: Unesp, 2021. p. 168.

[221] HABERMAS, Jürgen. *Facticidade e validade*: contribuições para uma teoria discursiva do direito e da democracia. (Trad. Felipe Gonçalves e Rúrion Melo). 2. ed. São Paulo: Unesp, 2021. p. 175.

[222] DURÇO, Karol Araújo. *Tensões entre discursividade e eficácia no processo civil*: aplicação da contraposição habermasiana entre razão instrumental e razão comunicativa ao direito. Dissertação (Mestrado em Direito) – Programa de Pós-Graduação em Direito, Universidade Federal do Espírito Santo, Vitória, 2008. p. 30.

de ação para todos os indivíduos de uma comunidade, cuja medida é "a igualdade de direitos para todos os membros do corpo jurídico".[223] À vista disso, não há como inferir os direitos subjetivos em uma comunidade de sujeito de direitos sem a razão comunicativa, como pontua Luiz Moreira:

> Mas em que sentido a legitimidade surge da legalidade? À medida que a legalidade é, ao mesmo tempo, criação e reflexo da produção discursiva da opinião e da vontade dos membros de uma dada comunidade jurídica. Portanto, a legalidade vem a ser a instância que se constitui como síntese entre o direito que cada cidadão tem de se atribuir e sua autonomia política.[224]

A comunidade política é soberana quanto aos direitos fundamentais lançados na Constituição. Assim, é a soberania do povo, por meio do colegiado dos seus cidadãos, a pedra angular da legitimidade e da legalidade, só aferível com a razão comunicativa em Estado Democrático de Direito, conforme elucida Luiz Moreira:

> [...] a explicitação da estrutura intersubjetiva dos direitos, por meio da institucionalização de procedimentos que acoplaram a dimensão discursiva da opinião e da vontade, torna possível que a composição entre direitos humanos e soberania do povo seja explicitada em termos jurídicos.[225]

A defesa dos direitos subjetivos dos cidadãos estabelecidos na Constituição é extensiva também contra o poder econômico e até contra o poder social organizado (corporações de trabalho ou de capital), conforme adverte Habermas: "A Constituição não pode mais ser compreendida como uma 'ordem reguladora' dirigida primariamente à relação do Estado com os cidadãos. O poder econômico e o poder social precisam ser disciplinados pelo Estado de Direito não menos que o poder administrativo".[226]

---

[223] MOREIRA, Luiz. *Fundamentação do direito em Habermas*. Belo Horizonte: Mandamentos, 2004. p. 158.

[224] MOREIRA, Luiz. *Fundamentação do direito em Habermas*. Belo Horizonte: Mandamentos, 2004. p. 161.

[225] MOREIRA, Luiz. *Fundamentação do direito em Habermas*. Belo Horizonte: Mandamentos, 2004. p. 163.

[226] HABERMAS, Jürgen. *Facticidade e validade*: contribuições para uma teoria discursiva do direito e da democracia. (Trad. Felipe Gonçalves e Rúrion Melo). 2. ed. São Paulo: Unesp, 2021. p. 336.

Habermas também pontua em sua obra acerca dos modelos de Estado Liberal e Republicano.[227]

Embora essa diferenciação entre modelos de Estado seja objeto do próximo tópico, para a abordagem dos diferentes conceitos de cidadão faz-se necessária a análise dessa distinção; isso porque Habermas apresenta as diferenças das concepções de cidadão ao analisar as diferenças dos modelos.

No modelo de Estado Liberal, "o *status* de cidadão se determina a princípio pelos direitos negativos que este possui frente ao Estado e aos demais cidadãos", pois "gozam da proteção do Estado enquanto perseguem seus interesses privados no interior dos limites traçados pelas leis – além da proteção contra intervenções estatais que ultrapassam a reserva legal".[228]

Já no modelo de Estado Republicano, são as liberdades positivas dos cidadãos como os direitos de cidadania (especialmente os direitos de participação política e de comunicação) – sem garantias de liberdade contra coerções externas – que conceituam o cidadão e, assim, "exige-se mais do cidadão republicano do que a mera orientação pelo interesse individual de cada um".[229]

Para uma melhor compreensão, reporta-se a Fabio Konde Comparato, que ilustra a diferença entre a concepção do constitucionalismo liberal e o constitucionalismo contemporâneo, em artigo públicado na *Revista de Informação Legislativa*:

> Segundo o modelo do constitucionalismo liberal, não compete ao Estado guiar a sociedade civil para a realização de fins comuns. A grande, senão única, tarefa estatal consiste em propiciar, sob a égide de leis gerais, constantes e uniformes, condições de segurança – física e jurídica – à vida individual. Compete a cada indivíduo fixar suas finalidades de vida, no respeito às leis asseguradoras de uma convivência harmoniosa de escolhas individuais.

---

[227] HABERMAS, Jürgen. *Facticidade e validade*: contribuições para uma teoria discursiva do direito e da democracia. (Trad. Felipe Gonçalves e Rúrion Melo). 2. ed. São Paulo: Unesp, 2021. p 340-359.

[228] HABERMAS, Jürgen. *Facticidade e validade*: contribuições para uma teoria discursiva do direito e da democracia. (Trad. Felipe Gonçalves e Rúrion Melo). 2. ed. São Paulo: Unesp, 2021. p. 344.

[229] HABERMAS, Jürgen. *Facticidade e validade*: contribuições para uma teoria discursiva do direito e da democracia. (Trad. Felipe Gonçalves e Rúrion Melo). 2. ed. São Paulo: Unesp, 2021. p. 345-346.

Em radical oposição a essa monocracia estática, a legitimidade do Estado contemporâneo passou a ser a capacidade de realizar, com ou sem a participação ativa da sociedade – o que representa o mais novo critério de sua qualidade democrática –, certos objetivos predeterminados.[230]

A partir dessa diferenciação entre modelo liberal e modelo republicano também é possível extrair as concepções da política e do processo democrático apresentadas por Habermas.

Nesse sentido, na concepção liberal, o processo democrático

[...] cumpre a tarefa de programar o Estado no interesse da sociedade, entendendo-se por Estado o aparato da administração pública e por sociedade o sistema das trocas e do trabalho social entre pessoas privadas, estruturado nos termos da economia de mercado [...] a política possui aqui a unção de agregação e implementação dos interesses sociais privados perante um aparato estatal especializado na utilização administrativa do poder político para fins coletivos.[231]

Já a política, na concepção republicana,

[...] não se restringe a uma tal função intermediadora; em vez disso, ela é constitutiva do processo de socialização como um todo. [...] em seu papel de cidadãos, configuram e desenvolvem com consciência e vontade as relações existentes de reconhecimento recíproco em uma associação de parceiros do direito livres e iguais.[232]

Enquanto no modelo liberal é permitida a constituição de corporações privadas como um pacto livre entre particulares a prevalecer até sobre direitos subjetivos do cidadão, no modelo republicano o poder econômico e o poder social são disciplinados pelo Estado para prevalecer a soberania popular.

---

[230] COMPARATO, Fábio Konder. Ensaio sobre o juízo de constitucionalidade de políticas públicas. *Revista de Informação Legislativa*, Brasília, n. 35, p. 39-48, abr./jun. 1998. p. 43.

[231] HABERMAS, Jürgen. *Facticidade e validade*: contribuições para uma teoria discursiva do direito e da democracia. (Trad. Felipe Gonçalves e Rúrion Melo). 2. ed. São Paulo: Unesp, 2021. p. 343.

[232] HABERMAS, Jürgen. *Facticidade e validade*: contribuições para uma teoria discursiva do direito e da democracia. (Trad. Felipe Gonçalves e Rúrion Melo). 2. ed. São Paulo: Unesp, 2021. p. 343.

3.3 A análise paradigmática do direito e a exigência de procedimentos democráticos inclusivos em Habermas

Como decorrência do movimento constitucionalista, o sistema jurídico do Estado Moderno[233] tem sua organização política fundamentada na Constituição.

O Estado, como pontua André Del Negri,[234] legitima-se na Constituição, sendo os preceitos constitucionais direcionadores e limitadores da atuação estatal.

Verifica-se que o próprio movimento constitucionalista e suas implicações na organização política do Estado passaram por muitas modificações que podem ser sintetizadas pelos paradigmas do Estado Liberal, Estado Social e do Estado Democrático de Direito.

A partir desse pequeno introito, constata-se que as ordens jurídicas concretas representam paradigmas jurídicos fundamentais para a percepção de uma sociedade organizada, conforme esclarece Jürgen Habermas:

> Um paradigma jurídico explica com o auxílio de um modelo de sociedade contemporânea a maneira como os princípios do Estado de direito e os direitos fundamentais têm de ser compreendidos e aplicados para que, com isso, possam cumprir no contexto presente as funções que lhes são normativamente atribuídas.[235]

Afinal, por meio dos paradigmas jurídicos é que se explica a maneira como os princípios do Estado de Direito e os direitos fundamentais têm que ser compreendidos e aplicados para cumprirem as funções normativas atribuídas no contexto presente de sociedades contemporâneas.[236]

---

[233] Estado Moderno entendido como a configuração política adotada após a Revolução Francesa; como contraponto ao regime político da Monarquia Absolutista (DEL NEGRI, André. *Direito constitucional e teoria da Constituição*. 5. ed. Belo Horizonte: D'Plácido, 2019. p. 68).

[234] DEL NEGRI, André. *Direito constitucional e teoria da Constituição*. 5. ed. Belo Horizonte: D'Plácido, 2019. p. 48.

[235] HABERMAS, Jürgen. *Facticidade e validade*: contribuições para uma teoria discursiva do direito e da democracia. (Trad. Felipe Gonçalves e Rúrion Melo). 2. ed. São Paulo: Unesp, 2021. p. 254.

[236] HABERMAS, Jürgen. *Facticidade e validade*: contribuições para uma teoria discursiva do direito e da democracia. (Trad. Felipe Gonçalves e Rúrion Melo). 2. ed. São Paulo: Unesp, 2021. p. 253.

A essa compreensão se acrescenta o esclarecimento de Vinicius Lott Thibau acerca do conceito de paradigma para análise do direito:

> O paradigma deve estar em condições de assumir a forma de uma teoria, a qual, por sua vez, deveria apresentar 'caráter de injunção, pois ela determinaria de que modo a lei é entendida e interpretada, e estabeleceria o local, a direção e a abrangência na qual o direito fixado na forma de leis pode ser completado e modificado [...].[237]

Todavia, faz-se necessário reiterar previamente às análises dos paradigmas jurídicos a importância de uma "compreensão procedimental do direito", que é apropriada para os sistemas jurídicos advindos do constitucionalismo do século XX nas democracias dos Estados Sociais.

Como se infere da pesquisa apresentada, pela teoria discursiva e procedimental de Habermas, a criação legítima de normas jurídicas só é possível por meio de procedimento fundamentado no princípio da democracia.

Da mesma forma, também se constatou que a formação da norma sem o princípio moral traz um *déficit* de legitimidade, na medida em que, para se atingir o objetivo da segurança jurídica, a norma terá que ser construída de forma discursiva dentro da comunidade de cidadãos livres e seus direitos subjetivos para se atender ou atingir as expectativas de comportamento sancionadas pelo Estado.

Somente com a legitimidade da criação da norma, com observação do procedimento democrático e adição do princípio moral – de forma concomitante – para se criar normas jurídicas legítimas com aceitabilidade racional a partir da teoria discursiva.

É nesse sentido que Habermas também mostra que há planos de referências que distinguem o princípio da democracia e o princípio moral:

> Enquanto o princípio moral opera no plano da estrutura interna de um determinado jogo de argumentação, o princípio da democracia se refere ao plano de sua institucionalização externa, isto é, à participação em igualdade de direitos na formação discursiva da opinião e da

---

[237] THIBAU, Vinícius Lott. Os paradigmas jurídico-constitucionais e a interpretação do Direito. *Revista Meritum*, Belo Horizonte, v. 3, n. 1, p. 317-354, jan./jun. 2008. p. 322. Disponível em: http://revista.fumec.br/index.php/meritum/article/view/787. Acesso em 1 ago. 2023.

vontade política, efetivada segundo formas de comunicação garantidas juridicamente.[238]

Dessa forma, a teoria discursiva propõe que o princípio da democracia deve estabelecer um procedimento de criação legítima de normas jurídicas, como também orientar a produção da própria mediação do direito.

3.3.1 Procedimentos democráticos

A partir do constitucionalismo do século XX, como apontado no item anterior, não seria possível a análise paradigmática do direito sem a observância dos procedimentos democráticos preceituados por Habermas a partir de sua teoria discursiva e procedimental, como propõe:

> Quando se introduz o direito em geral como um complemento da moral na estabilização de expectativas de comportamento, a facticidade da criação e da imposição do direito (assim como sua autoaplicação construtiva) revela-se constitutiva para um determinado tipo de interação moralmente desonerada.[239]

Essa "interação moralmente desonerada" se justifica a partir do procedimento discursivo, como apresenta Habermas:

> A questão sobre quais dessas leis são legítimas não pode ser respondida atendendo-se exclusivamente à forma dos direitos subjetivos. Apenas com o auxílio do princípio do discurso mostra-se que cada um tem direito à maior medida possível de iguais liberdades subjetivas de ação. São legítimas apenas aquelas regulações que satisfazem essa condição de compatibilidade entre o direito de cada um e o igual direito de todos.[240]

---

[238] HABERMAS, Jürgen. *Facticidade e validade*: contribuições para uma teoria discursiva do direito e da democracia. (Trad. Felipe Gonçalves e Rúrion Melo). 2. ed. São Paulo: Unesp, 2021. p. 159.

[239] HABERMAS, Jürgen. *Facticidade e validade*: contribuições para uma teoria discursiva do direito e da democracia. (Trad. Felipe Gonçalves e Rúrion Melo). 2. ed. São Paulo: Unesp, 2021. p. 168.

[240] HABERMAS, Jürgen. *Facticidade e validade*: contribuições para uma teoria discursiva do direito e da democracia. (Trad. Felipe Gonçalves e Rúrion Melo). 2. ed. São Paulo: Unesp, 2021. p. 173.

É o princípio estatuído na Constituição dos Estados Unidos que reporta Robert Dworkin: "Direito a igual consideração e respeito".[241] É com a constatação da facticidade social de processos observáveis, por meio de procedimentos institucionais que garantam a oportunidade de todos os membros de uma comunidade participarem discursivamente, que se afere o conteúdo normativo e suas gênesis. São os procedimentos democráticos que dão legitimidade e conteúdo às normas, bem como a validade e aceitabilidade do direito aplicado.

Em um modelo normativista de democracia, o nexo constitutivo entre poder e direito obtém relevância empírica mediante os pressupostos pragmáticos conceitualmente inevitáveis da positivação legítima do direito e da institucionalização de práxis correspondente de autodeterminação dos cidadãos.[242]

Já em um modelo empirista de democracia, Habermas assim conceitua:

> As regras de uma democracia concorrencial, cuja legitimidade está relacionada ao voto de uma maioria obtido por uma eleição livre, igualitária e secreta, ganham plausibilidade a partir de uma autocompreensão de uma visão de mundo especificamente moderna. Estas se fundam em um subjetivismo ético que seculariza a compreensão judaico-cristã da igualdade de cada indivíduo diante de Deus e parte da igualdade fundamental de todos os indivíduos [...]. Nessa leitura empirista, a liberdade moderna significa, entre outras coisas, que a validade das normas [...] que cada indivíduo aceita é produzida por ele mesmo em virtude de seu livre consentimento.[243]

Como se observa, o subjetivismo ético de cada indivíduo impede que as considerações racionais dos participantes tenham aceitação comum, mesmo em um procedimento democrático. Como raciocínio lógico possível, no modelo empirista, os cidadãos racionais não teriam razões suficientes para continuar obedecendo às regras do jogo democrático, o que leva Habermas a propor uma ampliação da pesquisa, mas

---

[241] Texto original: "Right to equal concern and respect". (DWORKIN, Ronald. *Levando os direitos a sério*. (Trad. Nelson Boeira). 3. ed. São Paulo: Martins Fontes, 2010. p. XVI, tradução nossa).

[242] HABERMAS, Jürgen. *Facticidade e validade*: contribuições para uma teoria discursiva do direito e da democracia. (Trad. Felipe Gonçalves e Rúrion Melo). 2. ed. São Paulo: Unesp, 2021. p. 371.

[243] HABERMAS, Jürgen. *Facticidade e validade*: contribuições para uma teoria discursiva do direito e da democracia. (Trad. Felipe Gonçalves e Rúrion Melo). 2. ed. São Paulo: Unesp, 2021. p. 374.

com retorno aos modelos normativos de democracia "com finalidade de examinar se as concepções de sociedade implícitas neles oferecem pontos de contato com o modo de consideração das ciências sociais".[244]

A pesquisa de Bruno Bernardes, que teve como objeto o minimalismo judicial e sua aplicação ao Estado Democrático de Direito, esclarece que se trata de abordagem estratégica (conforme concebido por Cass Sunstein) – e, portanto, antagônica ao pensamento habermasiano – e que limita o uso das abstrações pelas partes com prevalência da atuação do juiz.[245]

Segundo Bruno Bernardes, a compatibilidade do minimalismo judicial com o sistema democrático poderia se dar por meio da teoria do agir comunicativo de Habermas. É o que explica:

> Percebe-se, portanto, que não se pode compatibilizar o sentido do termo "minimalismo", tal como preconizado por Sunstein, *de agir a partir da limitação no uso de abstrações dos argumentos*, com a teoria do discurso de Habermas, que defende, justamente, o uso da linguagem. Logo, nesse esboço de reconfiguração do minimalismo judicial para o minimalismo procedimental democrático, o adjetivo "minimalista" deve ser destinado ao produto, ao consenso obtido, *i.e.*, justificado de modo minimalista – na exata medida da solução da controvérsia – e, obviamente, somente após o processo de levantamento das pretensões de validade do discurso. Noutras palavras, a proposta do minimalismo procedimental democrático é alcançar conclusões minimalistas precedidas de um agir maximalista.[246]

Como já introduzido, os modelos tradicionais de Estado Liberal, na condição de guardião de uma sociedade econômica, e de Estado Republicano, como guardião de uma comunidade ética institucionalizada de maneira estatal, apresentam concepções diferentes acerca do processo democrático, segundo Habermas:

---

[244] HABERMAS, Jürgen. *Facticidade e validade*: contribuições para uma teoria discursiva do direito e da democracia. (Trad. Felipe Gonçalves e Rúrion Melo). 2. ed. São Paulo: Unesp, 2021. p. 379.

[245] BERNARDES, Bruno Paiva. *Conjecturas sobre a aplicação do minimalismo judicial ao ordenamento jurídico brasileiro e sua democraticidade jurídica*. Dissertação (Mestrado em Direito) – Programa de Pós-Graduação Stricto Sensu em Direito, Faculdade de Ciências Humanas, Sociais e da Saúde, Universidade FUMEC, Belo Horizonte, 2019. p. 79.

[246] BERNARDES, Bruno Paiva. *Conjecturas sobre a aplicação do minimalismo judicial ao ordenamento jurídico brasileiro e sua democraticidade jurídica*. Dissertação (Mestrado em Direito) – Programa de Pós-Graduação Stricto Sensu em Direito, Faculdade de Ciências Humanas, Sociais e da Saúde, Universidade FUMEC, Belo Horizonte, 2019. p. 79, grifos do autor.

De acordo com a concepção liberal, o processo democrático se realiza exclusivamente na forma de compromissos de interesses. As regras de formação de compromissos – que devem assegurar a equidade dos resultados mediante o direito universal e igual ao voto, a composição representativa das corporações parlamentares, o mecanismo de tomada de decisão, suas leis ordinárias etc. – estão fundamentadas em última instância nos princípios liberais da Constituição.[247]

Em contrapartida, de acordo com a concepção republicana, a formação democrática da vontade deve se realizar na forma de uma autocompreensão ético-política; com isso, a deliberação poderia se apoiar substancialmente em um consenso de fundo dos cidadãos já estabelecido na cultura política; essa pré-compreensão da integração social seria renovada na rememoração ritualizada do ato republicano de fundação.

Habermas observa a necessidade de se regular o equilíbrio de poder e de interesses por meio e pelo Estado de Direito. E propõe esse *medium* através da teoria do discurso:

> A teoria do discurso, que vincula ao processo democrático conotações normativas mais fortes do que o modelo liberal, porém mais fracas que o modelo republicano, incorpora, por sua vez, elementos de ambos os lados e os une de um modo novo. Em concordância com o republicanismo, ela atribui centralidade ao processo de formação política da opinião e da vontade, mas sem compreender a constituição do Estado de direito como algo secundário; [...]. A teoria do discurso não condiciona o sucesso da política deliberativa a um corpo de cidadãos capaz de agir coletivamente, mas a uma institucionalização de procedimentos e pressupostos comunicativos correspondentes, bem como à interação entre deliberações institucionalizadas e opiniões públicas geradas de maneira informal. [...] A teoria do discurso se despede como um todo das figuras de pensamento da filosofia da consciência, que procuram atribuir a práxis de autodeterminação dos cidadãos a um sujeito social total ou referir a dominação anônima das leis a sujeitos que concorrem individualmente entre si.[248]

---

[247] HABERMAS, Jürgen. *Facticidade e validade*: contribuições para uma teoria discursiva do direito e da democracia. (Trad. Felipe Gonçalves e Rúrion Melo). 2. ed. São Paulo: Unesp, 2021. p. 379.

[248] HABERMAS, Jürgen. *Facticidade e validade*: contribuições para uma teoria discursiva do direito e da democracia. (Trad. Felipe Gonçalves e Rúrion Melo). 2. ed. São Paulo: Unesp, 2021. p. 382.

Para Cintya Moreira e Edimur de Faria, a aplicação do procedimento comunicativo público proposta por Habermas possibilita "reconhecimento jurídico de demandas jurídicas peculiares a determinados grupos da sociedade, que apresentarão aos demais suas experiências particulares, convencendo-os da relevância de tratamento jurídico formalmente diferenciado".[249]

A função nos modelos de Estado Liberal e Republicano também é anotada por Habermas:

> Enquanto a formação democrática da vontade na concepção liberal tem a função exclusiva de legitimar o exercício do poder político, a formação democrática da vontade na concepção republicana tem a função de constituir a sociedade como uma coletividade política e, a cada eleição, manter viva a memória desse ato de fundação republicano.[250]

Por ser o homem um animal social, são as relações interpessoais moldadas de forma legítima por meio de uma rede de ações comunicativas que formam o mundo social.[251] Embora a capacidade do complexo legislativo seja menor para elaborar os problemas comparado com o complexo administrativo, aquele é mais aberto a perceber e tematizar os problemas sociais.[252]

É por meio da problematização que a atenção pública (consciência das crises) busca intensificar as soluções. Este fenômeno é descrito por Habermas e representa a concretude de sua teoria discursiva e procedimental: "A pressão das opiniões públicas impõe um modo extraordinário de elaboração dos problemas, o qual favorece a regulação da circulação

---

[249] MOREIRA, Cintya Martins; FARIA, Edimur Ferreira de. Administração dialógica e as organizações não governamentais sob a perspectiva da participação administrativa: uma reflexão em Habermas acerca da reformulação da relação entre a sociedade civil e o estado. *Revista Meritum*, Belo Horizonte, v. 16, n. 3, p. 205-222, 2021. p. 214.

[250] HABERMAS, Jürgen. *Facticidade e validade*: contribuições para uma teoria discursiva do direito e da democracia. (Trad. Felipe Gonçalves e Rúrion Melo). 2. ed. São Paulo: Unesp, 2021. p. 383.

[251] HABERMAS, Jürgen. *Facticidade e validade*: contribuições para uma teoria discursiva do direito e da democracia. (Trad. Felipe Gonçalves e Rúrion Melo). 2. ed. São Paulo: Unesp, 2021. p. 452.

[252] HABERMAS, Jürgen. *Facticidade e validade*: contribuições para uma teoria discursiva do direito e da democracia. (Trad. Felipe Gonçalves e Rúrion Melo). 2. ed. São Paulo: Unesp, 2021. p. 453.

do poder pelo Estado de direito, quer dizer, atualiza as sensibilidades para as responsabilidades políticas reguladas constitucionalmente".[253] Essa compreensão também se encontra em Marcelo Campos Galuppo, em seu trabalho intitulado "Igualdade e diferença: Estado Democrático de Direito a partir do pensamento de Habermas", como pontua:

> Visando garantir instrumentos para inclusão dos cidadãos nos discursos jurídicos, a ideia de um Sistema de Direitos como garantia e mesmo como substrato da legitimidade do Estado Democrático de Direito, que é essencialmente um Estado pluralista, revela a importância da Igualdade para o paradigma procedimental do direito e da política presente na ética do Discurso e na Teoria Discursiva do Direito.[254]

Nas sociedades contemporâneas que adotam o Estado Democrático de Direito, portanto, não seria possível a validação dos atos estatais e das soluções dos problemas sem a intermediação e participação da opinião pública no procedimento das decisões. Os procedimentos democráticos, seja na criação ou na aplicação dos direitos, são requisitos de legitimidade e validade do direito.

3.3.2 Análise paradigmática do direito

Conforme introduzido no início deste capítulo, por meio dos paradigmas jurídicos pode- se observar como os princípios do Estado de Direito e os direitos fundamentais têm que ser compreendidos e aplicados para que se possa cumprir as funções que lhes são normativamente atribuídas.

Afinal, o direito válido é primariamente acessível na forma de textos. Por meio de proposições normativas contidas nos códigos é que se declara quais normas devem ser consideradas em vigor,[255] sem se esquecer da advertência de Ronald Dworkin do requisito de validade

---

[253] HABERMAS, Jürgen. *Facticidade e validade*: contribuições para uma teoria discursiva do direito e da democracia. (Trad. Felipe Gonçalves e Rúrion Melo). 2. ed. São Paulo: Unesp, 2021. p. 455.

[254] GALUPPO, Marcelo Campos. *Igualdade e diferença*: Estado Democrático de Direito a partir do pensamento de Habermas. Belo Horizonte: Mandamentos, 2002. p. 206.

[255] HABERMAS, Jürgen. *Facticidade e validade*: contribuições para uma teoria discursiva do direito e da democracia. (Trad. Felipe Gonçalves e Rúrion Melo). 2. ed. São Paulo: Unesp, 2021. p. 491.

das proposições: "Nenhuma proposição pode ser verdadeira, a não ser que exista um procedimento capaz de demonstrar sua veracidade".[256]

Desse modo, os especialistas interpretam as proposições normativas individuais não apenas a partir do contexto do corpo jurídico como um todo, mas também a partir de uma pré-compreensão dominante da sociedade contemporânea. E Habermas completa que "o teor e até mesmo o estilo dos direitos fundamentais expressam enfaticamente a manifestação de vontade e declaração política de cidadãos que reagem a experiências concretas de repressão e violação da dignidade humana".[257]

Após a Segunda Guerra Mundial, surgem novos contextos que passam a desafiar o paradigma do direito formal burguês até então dominante: o paradigma do Estado Social.

Por meio de uma compreensão procedimental, há a materialização do direito em áreas do direito privado, bem como na transformação social dos direitos fundamentais, independentemente das discussões acerca das pré-compreensões dos paradigmas de direito do modelo liberal e do modelo do social.

Habermas conceitua em outros parâmetros e de forma mais técnica o advento do Estado Social:

> Servindo-me da dialética entre igualdade de direito e igualdade de fato, lidarei na sequência com as consequências problemáticas produzidas pelo desenvolvimento do Estado social à garantia de uma configuração autônoma de vida segundo os termos da autonomia privada e pública.[258]

Assim, os paradigmas de direitos identificados por Habermas podem ser observados no momento da interpretação e aplicação do direito, isso porque "um paradigma jurídico é inferido em primeira linha de decisões judiciais exemplares e costuma ser equiparado à imagem implícita que os juízes têm da sociedade".[259]

---

[256] DWORKIN, Ronald. *Levando os direitos a sério*. (Trad. Nelson Boeira). 3. ed. São Paulo: Martins Fontes, 2010. p. XIX.

[257] HABERMAS, Jürgen. *Facticidade e validade*: contribuições para uma teoria discursiva do direito e da democracia. (Trad. Felipe Gonçalves e Rúrion Melo). 2. ed. São Paulo: Unesp, 2021. p. 492.

[258] HABERMAS, Jürgen. *Facticidade e validade*: contribuições para uma teoria discursiva do direito e da democracia. (Trad. Felipe Gonçalves e Rúrion Melo). 2. ed. São Paulo: Unesp, 2021. p. 495.

[259] HABERMAS, Jürgen. *Facticidade e validade*: contribuições para uma teoria discursiva do direito e da democracia. (Trad. Felipe Gonçalves e Rúrion Melo). 2. ed. São Paulo: Unesp, 2021. p. 496.

Na busca do paradigma correto ou da construção social da realidade, a jurisprudência não pode mais se comportar com ingenuidade em relação ao próprio modelo social, uma vez que a compreensão paradigmática do direito perdeu a inocência de um saber orientador que atua por trás das costas, ela passa a exigir uma justificação em termos autocráticos.[260]

O paradigma tem uma finalidade utilitária e pacificadora (no sentido de busca da segurança jurídica), porque oferece "uma perspectiva prática de produção e aplicação do direito, ou de modo geral: oferecem uma orientação ao projeto de efetivação de uma associação de parceiros do direito livres e iguais".[261]

É pedra fundamental do paradigma de direito em um Estado Democrático de Direito a Constituição, considerando que os princípios e os direitos que nela se encerram exigem a efetivação dos direitos que propõe e garante. A promulgação de uma Constituição pode ser vista como uma disputa política entre cidadãos livres e iguais (em direitos subjetivos).

Para Habermas, "no Estado Democrático de Direito, essa disputa diz respeito a todos os participantes, não podendo ser cumprido meramente na forma esotérica de um discurso de especialistas desacoplados da arena política".[262]

Habermas reporta, ainda, que o debate vigente que especifica uma concepção liberal ou privatista na elaboração dogmática (um paradigma) parte da suposição de que o "direito privado assegurava o *status* negativo da liberdade dos sujeitos jurídicos e, com isso, o princípio da liberdade jurídica, por meio da organização de uma sociedade despolitizada e economicamente centrada, subtraída às intervenções estatais"; enquanto, em um critério de divisão do trabalho, "o direito público seria destinado à esfera da autoridade estatal, tendo a finalidade de manter ali, sob freio, uma administração que opera sob a reserva de

---

[260] HABERMAS, Jürgen. *Facticidade e validade*: contribuições para uma teoria discursiva do direito e da democracia. (Trad. Felipe Gonçalves e Rúrion Melo). 2. ed. São Paulo: Unesp, 2021. p. 497.

[261] HABERMAS, Jürgen. *Facticidade e validade*: contribuições para uma teoria discursiva do direito e da democracia. (Trad. Felipe Gonçalves e Rúrion Melo). 2. ed. São Paulo: Unesp, 2021. p. 496.

[262] HABERMAS, Jürgen. *Facticidade e validade*: contribuições para uma teoria discursiva do direito e da democracia. (Trad. Felipe Gonçalves e Rúrion Melo). 2. ed. São Paulo: Unesp, 2021. p. 500.

intervenção e garantir, ao mesmo tempo, o *status* jurídico positivo dos cidadãos com proteções jurídicas individuais".[263]

No paradigma do direito privado clássico prevalecia a autodeterminação individual, a liberdade negativa, por meio da liberdade contratual, do direito à propriedade, garantias institucionais ao casamento e à família. Já no paradigma do direito público, os reflexos nesses mesmos direitos partem dos novos âmbitos jurídicos (direito trabalhista, direito social e direito econômico).[264]

Todavia, partindo da premissa da primazia do texto constitucional, fenômeno intensificado pela jurisprudência do Tribunal Constitucional alemão após a Segunda Guerra, Habermas retoma sua hipótese de que "o conteúdo normativo dos direitos fundamentais teria que se desenvolver por meio de um legislador ativo no interior do próprio direito privado".[265]

Essa interação de paradigmas jurídicos levou a uma modificação até no próprio modelo liberal com a incorporação do conceito de justiça social no direito privado, o que levou Habermas a descrever esse fenômeno dinâmico, social e até econômico após o questionamento do direito privado clássico:

> Uma vez que o mecanismo de mercado não funciona do modo como é presumido pelo modelo jurídico liberal, e a sociedade econômica não constitui uma esfera isenta de poder, o princípio de liberdade jurídica pode se impor somente sob condições sociais modificadas, tal como percebidas no modelo do Estado social.[266]

Pelo lado do paradigma do Estado Social, uma sociedade econômica institucionalizada por meio do direito privado (direitos de propriedade e da liberdade contratual) teria que permanecer separada

---

[263] HABERMAS, Jürgen. *Facticidade e validade*: contribuições para uma teoria discursiva do direito e da democracia. (Trad. Felipe Gonçalves e Rúrion Melo). 2. ed. São Paulo: Unesp, 2021. p. 501.

[264] HABERMAS, Jürgen. *Facticidade e validade*: contribuições para uma teoria discursiva do direito e da democracia. (Trad. Felipe Gonçalves e Rúrion Melo). 2. ed. São Paulo: Unesp, 2021. p. 503.

[265] HABERMAS, Jürgen. *Facticidade e validade*: contribuições para uma teoria discursiva do direito e da democracia. (Trad. Felipe Gonçalves e Rúrion Melo). 2. ed. São Paulo: Unesp, 2021. p. 502.

[266] HABERMAS, Jürgen. *Facticidade e validade*: contribuições para uma teoria discursiva do direito e da democracia. (Trad. Felipe Gonçalves e Rúrion Melo). 2. ed. São Paulo: Unesp, 2021. p. 506.

do Estado como esfera da realização do bem comum e deixada ao funcionamento espontâneo dos mecanismos de mercado.[267]

A compreensão que Habermas expõe em seu livro "Facticidade e Validade" sobre os paradigmas do direito advém da crítica que prevaleceu sobre a autocompreensão teórico-social do direito formal burguês a impedir o retorno ao paradigma do direito liberal, bem como as fraquezas do paradigma do Estado Social que, uma vez implementado, torna possível "reduzir a garantia de surgimento da autonomia privada aos direitos a prestações estatais relativas à segurança e à assistência social"[268] – o que encerraria em contradição.

É nesse desequilíbrio, e como melhor técnica para a hermenêutica, que Habermas introduz a teoria discursiva e procedimental como determinante na fundamentação dos paradigmas.

Na fundamentação do sistema de direitos, vê-se que a autonomia dos cidadãos e a legitimidade do direito remetem uma à outra. Sob condições de uma compreensão de mundo pós-metafísica, só vale como legítimo o direito que surge da formação discursiva da opinião e da vontade de cidadãos que se encontram em pé de igualdade.[269]

Habermas propõe a volta ou o sentido originário do sistema de direitos, que é assegurar em ato único à autonomia privada e pública dos cidadãos, de forma que "todo ato jurídico possa ser compreendido, ao mesmo tempo, como uma contribuição à configuração politicamente autônoma dos direitos fundamentais".[270]

Há ações não estatais que garantem a autonomia privada e pública no mesmo denominador, em que Habermas exemplifica com a "autonomia nos acordos salariais", que "é certamente um bom exemplo da constitucionalização interna de um sistema de ação não estatal

---

[267] HABERMAS, Jürgen. *Facticidade e validade*: contribuições para uma teoria discursiva do direito e da democracia. (Trad. Felipe Gonçalves e Rúrion Melo). 2. ed. São Paulo: Unesp, 2021. p. 507.

[268] HABERMAS, Jürgen. *Facticidade e validade*: contribuições para uma teoria discursiva do direito e da democracia. (Trad. Felipe Gonçalves e Rúrion Melo). 2. ed. São Paulo: Unesp, 2021. p. 514.

[269] HABERMAS, Jürgen. *Facticidade e validade*: contribuições para uma teoria discursiva do direito e da democracia. (Trad. Felipe Gonçalves e Rúrion Melo). 2. ed. São Paulo: Unesp, 2021. p. 515.

[270] HABERMAS, Jürgen. *Facticidade e validade*: contribuições para uma teoria discursiva do direito e da democracia. (Trad. Felipe Gonçalves e Rúrion Melo). 2. ed. São Paulo: Unesp, 2021. p. 518.

especializado na mediação de conflitos"[271] – o que é também um direito de participação e *status* ativo de cidadania.

Ponto de reflexão na hermenêutica é a dialética entre igualdade jurídica e factual. Segundo Habermas,[272] esses parâmetros ou esse fenômeno seria o passo a superar e aperfeiçoar o modelo do Estado Social por meio de um paradigma procedimental do direito.

E como exemplo para superação e aperfeiçoamento, Habermas cita uma teoria feminista do direito desenvolvida nos Estados Unidos, onde é intensificada a "dialética entre igualdade jurídica e igualdade factual", e assim lança sua compreensão:

> Os problemas vinculados à igualdade de tratamento entre homem e mulher trazem à consciência que a pretendida emancipação não pode ser entendida apenas como concessões do Estado social no sentido de uma partilha justa de bens sociais. Os direitos podem empoderar as mulheres a uma configuração autônoma da vida privada apenas quando, simultaneamente, possibilitam sua participação em igualdade de direitos na práxis de autodeterminação cidadã, já que só as próprias concernidas são capazes de esclarecer os "aspectos relevantes" da igualdade e desigualdade em cada caso. O feminismo insiste no sentido emancipatório do igual tratamento jurídico, porque se dirige contra estruturas de dependência ocultada pelo "paradigma distributivo" do Estado social.[273]

Sucede-se que nenhuma regulação, ainda que sensível ao contexto feminista, poderá concretizar o igual direito à configuração autônoma da vida privada, sem o fortalecimento das mulheres na esfera pública política, com sua participação nas comunicações políticas para esclarecer a relevância de um tratamento igualitário.[274]

---

[271] HABERMAS, Jürgen. *Facticidade e validade*: contribuições para uma teoria discursiva do direito e da democracia. (Trad. Felipe Gonçalves e Rúrion Melo). 2. ed. São Paulo: Unesp, 2021. p. 521.

[272] HABERMAS, Jürgen. *Facticidade e validade*: contribuições para uma teoria discursiva do direito e da democracia. (Trad. Felipe Gonçalves e Rúrion Melo). 2. ed. São Paulo: Unesp, 2021. p. 517.

[273] HABERMAS, Jürgen. *Facticidade e validade*: contribuições para uma teoria discursiva do direito e da democracia. (Trad. Felipe Gonçalves e Rúrion Melo). 2. ed. São Paulo: Unesp, 2021. p. 530.

[274] HABERMAS, Jürgen. *Facticidade e validade*: contribuições para uma teoria discursiva do direito e da democracia. (Trad. Felipe Gonçalves e Rúrion Melo). 2. ed. São Paulo: Unesp, 2021. p. 540.

O problema da legitimação resulta da inobservância à origem democrática do direito, independentemente da eficiência ou não eficiência da regulação estatal.

O resultado é o declínio da eficácia vinculante da lei parlamentar e o conflito entre as funções legislativa e judiciária, fenômeno demonstrado pela judicialização constante da política:

> O ativismo jurídico tem excessos técnicos, mas são corrigíveis dentro do próprio sistema judicial e pelo Legislativo. [...] Já a judicialização da política é que tem enfraquecido o Poder Político, na medida em que enfraquece a credibilidade da representação política e eleitoral dos demais poderes cuja origem é o sufrágio universal da sociedade como um todo.[275]

Os paradigmas do direito tornam possíveis interpretações com as quais os princípios do Estado de Direito podem ser referidos em um contexto social como um todo, até mesmo sobre os espaços de possibilidades de realização dos direitos fundamentais, porque o paradigma procedimental do direito possui componentes normativos e descritivos, como conclui Habermas: "Os paradigmas do direito possibilitam diagnósticos da situação orientadores da ação. Eles iluminam o horizonte de uma sociedade dada com respeito ao projeto de efetivação do "sistema de direitos".[276]

E com esse alcance, Habermas adverte e sinaliza a queda da força da democracia com a judicialização da política anteriormente anotada:

> O problema central passa a ser encontrado na referida instrumentalização do direito para fins da regulação política, a qual sobrecarrega a estrutura do médium do direito e dissolve o vínculo da política com a realização de direitos incondicionais. [...] A penetração do direito regulatório é apenas a ocasião para a dissolução de uma forma histórica específica da divisão

---

[275] AMARAL, Rosan de Sousa. Ativismo Judicial não é causa de enfraquecimento da democracia e sim a judicialização da política. *In*: GOMES, Magno Federici; RAMOS, Paulo Roberto Barbosa; MEYER-PFLUG, Samantha Ribeiro (Coord.). ENCONTRO VIRTUAL DO CONPEDI, 3., [*s. l.*], CONPEDI, 2021. *Anais [...]*. Florianópolis: CONPEDI, 2021. p. 254. Disponível em: http://site.conpedi.org.br/publicacoes/276gsltp/19i1hrk5/9th9a7w9qqkyi62e.pdf. Acesso em 1 ago. 2023.

[276] HABERMAS, Jürgen. *Facticidade e validade*: contribuições para uma teoria discursiva do direito e da democracia. (Trad. Felipe Gonçalves e Rúrion Melo). 2. ed. São Paulo: Unesp, 2021. p. 552.

de poderes no Estado de direito. [...] Disso resulta a necessidade de uma institucionalização distinta do princípio da separação de poderes.[277]

O paradigma discursivo e procedimental propõe o debate a respeito de suas próprias condições, na medida em que caracterize um horizonte de pré-compreensões compartilhadas por todos na interpretação do texto constitucional.

Portanto, somente com procedimentos democráticos se construirão paradigmas de direito que ultrapassem o jogo de soma zero nas lacunas de iniciativas dos sujeitos de ação privada e estatais, porque o direito necessita de um sistema de direito de reconhecimento mútuo em que os sujeitos jurídicos livres e iguais reconhecem entre si.

3.4 Direito e democracia: aspectos críticos à reconstrução habermasiana e ao paradigma procedimental

Não existe teoria absoluta enquanto os homens caminharem pela história. Embora a Escola de Frankfurt seja fonte das teorias que moldaram o constitucionalismo ocidental desde meados do século passado, é da essência da busca de conhecimento a refutação científica e a crítica por melhor compreensão.

Afinal, mesmo quando Habermas, Nietzsche, Foucault, Dworkin ou Alexy criticam a filosofia da razão, não se pode desconsiderar que "a razão seria apenas um modelo cultural e histórico e que não apresentaria qualquer superioridade sobre outros modelos historicamente concretos", conforme entendimento de Álvaro Ricardo Souza Cruz.[278]

A Teoria Procedimentalista de Habermas é um dos esteios do Constitucionalismo Comunitarista, como preconiza José Canotilho e José Carlos Andrade, ao assim lançarem compreensão sobre a importância desse fenômeno nos desafios contemporâneos. Para José Joaquim Gomes Canotilho, o conceito contemporâneo de constituição é a "ordenação sistemática e racional da comunidade política através de um documento escrito" e "produto da razão [...] a alavancar uma ordem política abstractamente arquitectável e realizável [...] no plano da teoria do Estado,

---

[277] HABERMAS, Jürgen. *Facticidade e validade*: contribuições para uma teoria discursiva do direito e da democracia. (Trad. Felipe Gonçalves e Rúrion Melo). 2. ed. São Paulo: Unesp, 2021. p. 553.

[278] CRUZ, Álvaro Ricardo de Souza. *Habermas e o direito brasileiro*. 2. ed. Rio de Janeiro: Lumen Juris, 2008. p. 20.

CAPÍTULO 3
LEGITIMIDADE DEMOCRÁTICA E AS DECISÕES JUDICIAIS | 101

a ideia de uma lei, estatuto ou constituição, criadora e ordenadora de uma comunidade política".[279]

Já Vieira Andrade tem uma interpretação extensiva dos direitos fundamentais do indivíduo para a comunidade: "Os direitos fundamentais não podem ser pensados apenas do ponto de vista dos indivíduos, como faculdades ou poderes de que estes são titulares; antes, valem juridicamente também do ponto de vista da comunidade, como valores ou fins que esta se propõe a prosseguir".[280]

A partir do valor da solidariedade, José Carlos Andrade alcança a responsabilidade comunitária dos indivíduos:

> A abribuição dos direitos fundamentais pressupõe agora também o valor da solidariedade, isto é, da responsabilidade comunitária dos indivíduos: descobre-se a dimensão participativa, incluindo no âmbito dos direitos as actuações individuais de caráter político; acentua-se a dimensão social, ao ligar a garantia do gozo dos direitos por todos à necessidade de uma intervenção colectiva reguladora e à necessidade de uma intervenção colectiva reguladora e portadora que crie condições gerais do seu exercício efectivo.[281]

Embora essa noção comunitarista também reforce a Teoria Discursiva e leve à defesa da necessidade de criação dos tribunais constitucionais para condução de práticas hermenêuticas e controle de constitucionalidade, há crítica de que essa visão constitucional comunitarista leve ao abandono de um Estado Social mínimo aos países em desenvolvimento, uma vez que os países do norte do Atlântico já teriam superado o estágio social mínimo por terem atingido um Estado Social.[282]

No Brasil, a maior crítica ao procedimentalismo de Habermas vem de Lenio Streck, que compreende que as teorias alienígenas são inadequadas às circunstâncias e particularidades brasileiras. Afinal, ele entende que o campo de observação de Jürgen Habermas foi um conjunto de países ocidentais onde o déficit de um Estado Social já foi

---

[279] CANOTILHO, José Joaquim Gomes. *Direito Constitucional e Teoria da Constituição*. 7. ed. Coimbra: Almedina, 2003. p. 107.

[280] ANDRADE, José Carlos Vieira. *Os direitos fundamentais na Constituição portuguesa de 1976*. Coimbra: Livraria Almedina, 1987. p. 144-145.

[281] ANDRADE, José Carlos Vieira. *Os direitos fundamentais na Constituição portuguesa de 1976*. Coimbra: Livraria Almedina, 1987. p. 146.

[282] STRECK, Lenio Luiz. *Jurisdição constitucional e hermenêutica*. 2. ed. Rio de Janeiro: Forense, 2004.

superado, como se constata em seu livro "Jurisdição Constitucional e Hermenêutica":[283]

> Por tudo isso, a discussão acerca do papel do Direito e da justiça constitucional, a toda evidência, deve ser contextualizada, levando em conta as especificidades de países como o Brasil, onde não houve a etapa do *Welfare State*, que Habermas considera superada (embora – justiça seja feita – Habermas, ao expor sua tese, jamais se referiu a países como o Brasil).[284]

Streck[285] entende que o procedimentalismo defendido por Habermas afasta o paradigma hermenêutico, na medida em que torna objetivo o texto constitucional, o que impediria de questionar o sentido do texto constitucional. Streck completa que o autor parte como premissa do modelo do Estado Democrático de Direito e desconsidera a função social do Direito:

> É evidente – porque explicitamente presente nos seus textos – que Habermas trabalha com a noção de Estado Democrático de Direito; entretanto, não reconhece a necessária diferenciação que existe entre o modelo do Estado Social de Direito e o modelo do Estado de Direito, que, insisto, supera a noção de Estado Social. E aí começa o problema... [...] Ou seja, de certo modo, Habermas cai em um certo sociologismo ao ignorar a especificidade do jurídico presente nas Constituições, que gerou todo um processo de revitalização do jurídico, naquilo que diz respeito à função social do Direito. O constitucionalismo do Estado Democrático de Direito acrescenta um "mais" ao Direito do Estado Social, porque estabelece no próprio texto constitucional – e esse é o ponto que Habermas deixa de considerar – os diversos mecanismos para o resgate das promessas da modernidade.[286]

Para Lenio Streck, a técnica hermenêutica de ponderação ignorada na Teoria Procedimental de Habermas é instrumento para se afastar o irrealismo contemporâneo, na medida em que a hermenêutica de

---

[283] STRECK, Lenio Luiz. *Jurisdição constitucional e hermenêutica*. 2. ed. Rio de Janeiro: Forense, 2004.

[284] STRECK, Lenio Luiz. *Jurisdição constitucional e hermenêutica*. 2. ed. Rio de Janeiro: Forense, 2004. p. 175.

[285] STRECK, Lenio Luiz. *Jurisdição constitucional e hermenêutica*. 2. ed. Rio de Janeiro: Forense, 2004. p. 172.

[286] STRECK, Lenio Luiz. *Jurisdição constitucional e hermenêutica*. 2. ed. Rio de Janeiro: Forense, 2004. p. 165.

ponderação constitui um constitucionalismo de efetividade na busca da efetivação da justiça social, fundamental, a cumprir as finalidades da democracia e a justificar o Estado Democrático de Direito. Para melhor compreensão da técnica hermenêutica de ponderação, trata-se de uma técnica aplicada para o sistema de regras e princípios criado por Ronald Dworkin e também utilizado por Robert Alexy quando há confrontos entre princípios como sinteticamente exposto em artigo de Felipe Brasil Patel, Maurício da Cunha Savino Filó e Yduan May publicado na *Revista da Faculdade de Direito* de Conselheiro Lafaiete/MG.[287]

Para os autores, após observar que os direitos fundamentais previstos na constituição têm compreensão doutrinária em dimensões separadas (1ª dimensão, garantia das liberdades; 2ª dimensão, direitos sociais, econômicos e culturais; e 3ª dimensão, direito ao meio ambiente e direito dos consumidores),[288] na hipótese de conflito de princípios (entre dimensões dos direitos fundamentais) adota-se a ponderação do princípio a prevalecer, sem que haja a anulação do princípio: "Assim, pode-se perceber que, diferentemente das regras, a colisão de princípios não enseja a invalidação de algum deles no ordenamento jurídico, mas somente a sua precedência ou não em determinado caso da vida real".[289]

No entanto, Álvaro Ricardo de Souza Cruz lança compreensão de que a Teoria Discursiva e Procedimental de Jürgen Habermas é capaz de superar essa refutação de Lenio Streck. Inicialmente, Álvaro Ricardo de Souza Cruz afirma que

> Habermas se afasta tanto do modelo liberal quanto do comunitário, pois para ele o centro do Estado moderno não está nem na prevalência de autonomia privada, na qual os direitos humanos (naturais) limitariam/programariam a ação estatal, nem na prevalência da autonomia pública e em seus procedimentos vazados nas virtudes cívicas de seus

---

[287] PATEL, Felipe Brasil; FILÓ, Maurício da Cunha Svino; MAY, Yduan. Direitos fundamentais e a técnica de ponderação de Robert Alexy. *Revista Athenas*, Conselheiro Lafaiete, a. VI, v. 1, jan./dez. 2017. p. 94. Disponível em: https://www.fdcl.com.br/revista/site/download/fdcl_athenas_ano6_vol1_2017_artigo05.pdf. Acesso em 1 ago. 2023.

[288] PATEL, Felipe Brasil; FILÓ, Maurício da Cunha Svino; MAY, Yduan. Direitos fundamentais e a técnica de ponderação de Robert Alexy. *Revista Athenas*, Conselheiro Lafaiete, a. VI, v. 1, jan./dez. 2017. p. 95. Disponível em: https://www.fdcl.com.br/revista/site/download/fdcl_athenas_ano6_vol1_2017_artigo05.pdf. Acesso em 1 ago. 2023.

[289] PATEL, Felipe Brasil; FILÓ, Maurício da Cunha Svino; MAY, Yduan. Direitos fundamentais e a técnica de ponderação de Robert Alexy. *Revista Athenas*, Conselheiro Lafaiete, a. VI, v. 1, jan./dez. 2017. p. 95. Disponível em: https://www.fdcl.com.br/revista/site/download/fdcl_athenas_ano6_vol1_2017_artigo05.pdf. Acesso em 1 ago. 2023.

cidadãos, mesmo que sejam magistrados, e, sim, na perspectiva da co-originariedade de ambos.[290]

Quanto a uma alienação do procedimentalismo de Habermas em face a uma efetivação da justiça social, Álvaro Ricardo de Souza Cruz assim refuta:

> De outro lado, o procedimentalismo não impede a inclusão social, pois permite/exige da atividade jurisdicional o compromisso com a busca da resposta correta, permitindo correções e uma análise do próprio mérito de decisões judiciais de uma forma original, calcada nos parâmetros da situação ideal de fala, no agir comunicativo, na moralidade pós-convencional, no tratamento adequado aos argumentos ético-políticos e pragmáticos, na necessária consideração deontológica dos direitos humanos e no procedimento em si. Todos esses elementos somados tendem a conduzir a jurisdição de forma sempre aproximada do que Dworkin chama de "direito como integridade" ou, para o que Habermas denomina de integração do mundo da vida pela solidariedade.[291]

Para Álvaro Ricardo de Souza Cruz, a filosofia e o saber hermenêutico-histórico das ciências do espírito não são adequadas para apresentar resposta às questões técnicos/específicas, não sendo a Teoria Procedimentalista de Habermas "inadequada ao Brasil".[292]

É preciso registrar que Habermas também foca as questões das inferências e ponderações, conforme abordado em linhas anteriores. Conforme se constata em seu livro "Facticidade e Validade", Habermas, ao destacar a força dos argumentos como técnica de hermenêutica, deixa claro que essa força "não pode se restringir a um acesso lógico-semântico do discurso jurídico",[293] porque necessita de uma abordagem pragmática como regras de transição. E completa:

> [...] os argumentos são motivos que, sob condições discursivas, resgatam pretensões de validade levantadas com atos de fala constatativos e

---

[290] CRUZ, Álvaro Ricardo de Souza. *Habermas e o direito brasileiro*. 2. ed. Rio de Janeiro: Lumen Juris, 2008. p. 250.

[291] CRUZ, Álvaro Ricardo de Souza. *Habermas e o direito brasileiro*. 2. ed. Rio de Janeiro: Lumen Juris, 2008. p. 251.

[292] CRUZ, Álvaro Ricardo de Souza. *Habermas e o direito brasileiro*. 2. ed. Rio de Janeiro: Lumen Juris, 2008. p. 251.

[293] HABERMAS, Jürgen. *Facticidade e validade*: contribuições para uma teoria discursiva do direito e da democracia. (Trad. Felipe Gonçalves e Rúrion Melo). 2. ed. São Paulo: Unesp, 2021. p. 292.

regulativos, levando racionalmente os participantes da argumentação a aceitar[em] os correspondentes enunciados descritivos ou normativos como válidos.[294]

É nessa inferência que se deve ter entre os argumentos levados pelos participantes da discussão para e na análise do problema, Habermas aponta que os discursos jurídicos têm que ter correção e validez. A correção significa aceitabilidade racional apoiada em bons argumentos, enquanto a validez é definida pelo cumprimento de suas condições de validade.[295]

Quanto à crítica que a teoria de Habermas desconsidera a função social do Direito, o autor observa o seguinte no seu livro "Facticidade e Validade", que põe como premissa de discussão a prevalência do paradigma do Estado Social:

> Uma vez que o mecanismo de mercado não funciona do modo como é presumido pelo modelo jurídico liberal, e a sociedade econômica não constitui uma esfera isenta de poder, o princípio de liberdade jurídica pode se impor somente sob condições sociais modificadas, tal como percebidas no modelo do Estado social.[296]

Diferentemente da crítica de que a teoria discursiva e procedimental seria um óbice a interpretações abertas dos direitos fundamentais estatuídos na Constituição – permitindo apenas interpretações restritas ou literais da Constituição –, Habermas propõe essa teoria como melhor técnica para a hermenêutica como determinante na fundamentação dos paradigmas:

> Na fundamentação do "sistema de direitos", vimos que a autonomia dos cidadãos e a legitimidade do direito remetem uma à outra. Sob condições de uma compreensão de mundo pós-metafísica, só vale como legítimo

---

[294] HABERMAS, Jürgen. *Facticidade e validade*: contribuições para uma teoria discursiva do direito e da democracia. (Trad. Felipe Gonçalves e Rúrion Melo). 2. ed. São Paulo: Unesp, 2021. p. 292.

[295] HABERMAS, Jürgen. *Facticidade e validade*: contribuições para uma teoria discursiva do direito e da democracia. (Trad. Felipe Gonçalves e Rúrion Melo). 2. ed. São Paulo: Unesp, 2021. p. 293.

[296] HABERMAS, Jürgen. *Facticidade e validade*: contribuições para uma teoria discursiva do direito e da democracia. (Trad. Felipe Gonçalves e Rúrion Melo). 2. ed. São Paulo: Unesp, 2021. p. 506.

o direito que surge da formação discursiva da opinião e da vontade de cidadãos que se encontram em pé de igualdade.[297]

Habermas propõe a volta ou o sentido originário do sistema de direitos, que é assegurar em ato único a autonomia privada e pública dos cidadãos, de forma que "todo ato jurídico possa ser compreendido, ao mesmo tempo, como uma contribuição à configuração politicamente autônoma dos direitos fundamentais".[298]

Dessa forma, a teoria discursiva e procedimental também propõe um paradigma procedimental para a construção e aplicação de um direito democrático, compatível com o Estado Democrático de Direito.

---

[297] HABERMAS, Jürgen. *Facticidade e validade*: contribuições para uma teoria discursiva do direito e da democracia. (Trad. Felipe Gonçalves e Rúrion Melo). 2. ed. São Paulo: Unesp, 2021. p. 515.

[298] HABERMAS, Jürgen. *Facticidade e validade*: contribuições para uma teoria discursiva do direito e da democracia. (Trad. Felipe Gonçalves e Rúrion Melo). 2. ed. São Paulo: Unesp, 2021. p. 518.

CONCLUSÃO

Esta pesquisa procurou responder como os pressupostos da decisão judicial podem se afastar do modelo solipsista, a fim de legitimar o ato estatal jurisdicional democraticamente.

Segundo o marco teórico escolhido, a teoria discursiva pode conferir legitimidade democrática à decisão judicial em um Estado Democrático de Direito, afastando, nesse sentido, o modelo solipsista por falta de legitimidade democrática.

Ao buscar e analisar os fundamentos e pressupostos capazes de legitimar democraticamente a decisão judicial, esta pesquisa encontrou argumentos legitimadores de uma decisão judicial democrática na teoria discursiva de Habermas, já que possui eficácia e abrangência em toda ordem jurídica quando a decisão adota fundamentação que atenda às expectativas sociais, bem como aceitabilidade racional. Afinal, por serem a facticidade e a validade inerentes ao direito, somente com decisões e precedentes racionais e aceitáveis pelos participantes do debate seria possível garantir a segurança jurídica e a legitimidade das decisões.

A partir da consideração teórica da linguagem, seriam afastados do debate a idealização de realidades individualizadas e apartadas da comunidade participante, porque as expressões linguísticas teriam o mesmo significado para os diversos usuários desse debate.

De fato, em todo debate existem ideias pré-concebidas, mas, no plano jurídico, as ideias são os princípios estabelecidos nos textos constitucionais e nos sistemas políticos.

Assim, quando os participantes aceitam participar de um debate já há um discurso médium de aceitação para todos. Esses princípios aceitos pelos participantes dessa comunidade ou debate são pensamentos expressados por meio de proposições, o que os diferencia por representações aceitas.

Consequentemente, a decisão proferida consistente precisa satisfazer, simultaneamente, a aceitabilidade racional e a segurança jurídica. Sem essas condições não haverá garantia de legitimidade democrática da decisão judicial.

O Estado Democrático de Direito tem como fonte legitimadora a democracia e a formação da vontade dos cidadãos. E para se atender esses cânones constitucionais, faz-se necessária a formação jurídica da decisão afastada de qualquer validade moral ou jusnaturalista sobreposta à formação da vontade dos cidadãos.

Mesmo antes da formação das leis é necessária a formação discursiva da vontade comum da sociedade por meio de sua autonomia política, para que o poder comunicativo se converta em poder administrativo pelo direito. O procedimento legislativo tem que estar permeado pela formação discursiva da vontade comum da sociedade.

Não que a vontade comum da sociedade seja absoluta no Estado Democrático de Direito, considerando-se haver limites à vontade majoritária para a própria sobrevivência deste paradigma: a vontade comum e majoritária tem limites como os direitos fundamentais (que são direitos individuais, inclusive); também tem limites em face ao poder estatal de coerção, desde que atendido o devido processo constitucional.

Assim, a pesquisa constatou que a aplicação da teoria discursiva na construção de uma decisão judicial é um meio que legitima o direito e a própria decisão por meio de uma interpretação participativa dos envolvidos no procedimento, o que atende aos pressupostos democráticos inerentes ao Estado Democrático de Direito.

A discricionariedade e o subjetivismo nas decisões judiciais, caracterizadoras do solipsismo, maculam a prestação jurisdicional do Estado na medida que não atendem ao requisito democrático, bem como não atingem a finalidade da racionalidade e do contraditório. Consequentemente, as decisões solipsistas não têm aceitabilidade racional, bem como não transmitem segurança jurídica para as partes e para a sociedade. Afinal, não há legitimidade democrática na aplicação das normas sem o contraditório, quando se objetiva uma sentença conformada ao direito vigente no Estado Democrático de Direito.

O direito, como instrumento de estabilização de expectativas de comportamento, nesse sentido, tem sua função sociointegradora relacionada ao procedimento racional e discursivo apto a legitimar a lei e sua aplicação.

O processo da decisão judicial, no paradigma democrático, não pode ser um ato solitário do decisor. A decisão judicial, a partir da consideração do marco teórico adotado nesta pesquisa, perpassa pela contraposição dos argumentos apresentados por todos os participantes do procedimento, em um empreendimento comum, no qual é elencado o melhor argumento a partir de um procedimento racional.

Assim, a pesquisa confirmou a hipótese conjecturada, segundo a qual a teoria discursiva pode conferir legitimidade à decisão judicial, afastando a consideração do modelo solipsista.

Dessa pesquisa contata-se que, após o constitucionalismo de meados do século passado, a fonte legitimadora do Estado Democrático de Direito é formada pelo procedimento democrático de positivação do direito. E a teoria do discurso oferece a possibilidade de legitimidade democrática da decisão judicial a partir da aplicação do procedimento discursivo. Isso porque, conforme apresentado pela pesquisa, a segurança jurídica no direito contemporâneo está diretamente conectada à aceitabilidade racional das decisões judiciais. O contraditório emprestado pelas partes geraria, por conseguinte, maior aceitabilidade racional e legitimidade da decisão judicial. É com o contraditório que as partes apresentam os seus melhores argumentos, já com filtros e racionalidade a balizar um entendimento médio aceitável pela comunidade afetada e partícipe do debate entre iguais.

O contraditório, dessa forma, pode ser entendido fundamentalmente como uma aplicação da teoria do discurso, na qual os participantes do debate ou procedimento balizam seus argumentos com um discurso *médium*, em que há compreensão e pretensão de aceitação para todos. Esses argumentos e seus princípios visariam o convencimento da comunidade e do decisor.

É a partir desse contraditório – como a materialização da teoria discursiva em um debate plural, em que são apresentados os melhores argumentos dos participantes nesse procedimento – que se possibilita a construção da melhor decisão.

Isso, porque, como impõe a teoria discursiva, a decisão proferida de forma consistente precisa satisfazer, simultaneamente, a aceitabilidade racional (o contraditório) e a segurança jurídica (as regras e os princípios constitucionais), condições sem as quais não seria possível garantir-se a legitimidade democrática da decisão judicial.

REFERÊNCIAS

AGRAS, Walber. Habermas e a teoria da legitimidade da jurisdição constitucional. *Revista Direitos Fundamentais & Justiça*, Porto Alegre/RS, n. 3, abr./jun. 2008.

ALEXY, Robert. *Teoria de la argumentación jurídica*. (Trad. Manuel Atienza e Isabel Espejo). 2. ed. Madrid: Centro de Estudios Politicos y Constitucionales, 2008.

ALMEIDA, Andréa Alves de. *Processualidade jurídica e legitimidade normativa*. Belo Horizonte: Fórum, 2005.

AMARAL, Rosan de Sousa. Ativismo Judicial não é causa de enfraquecimento da democracia e sim a judicialização da política. *In*: GOMES, Magno Federici; RAMOS, Paulo Roberto Barbosa; MEYER-PFLUG, Samantha Ribeiro (Coord.). ENCONTRO VIRTUAL DO CONPEDI, 3., [*s. l.*], CONPEDI, 2021. *Anais [...]*. Florianópolis: CONPEDI, 2021. Disponível em: http://site.conpedi.org.br/publicacoes/276gsltp/19i1hrk5/9th9a7w9qqk yi62e.pdf. Acesso em 1 ago. 2023.

ANDRADE, José Carlos Vieira. *Os direitos fundamentais na Constituição portuguesa de 1976*. Coimbra: Livraria Almedina, 1987.

ARENDT, Hannah. *A condição humana*. (Trad. Roberto Raposo). 10. ed. Rio de Janeiro: Forense Universitária, 2007.

ASSOCIAÇÃO BRASILEIRA DE NORMAS TÉCNICAS. *ABNT NBR 10520*: informação e documentação: citações em documentos: apresentação. 2. ed. Rio de Janeiro: ABNT, 2023.

ASSOCIAÇÃO BRASILEIRA DE NORMAS TÉCNICAS. *ABNT NBR 6023*: informação e documentação: referências: elaboração. 2. ed. Rio de Janeiro: ABNT, 2018.

BARACHO, José Alfredo de Oliveira. Aspectos da teoria geral do processo constitucional: teoria da separação de poderes e funções do Estado. *Revista de Informação Legislativa*, Brasília, DF, v. 76, p. 97-124, out./dez. 1982.

BASSETTE, Fernanda. Justiça permite tratar homossexualidade como doença. *Revista Veja*, [*s. l.*], 20 set. 2017. Disponível em: https://veja.abril.com.br/brasil/justica-permite-tratar- homossexualidade-como-doenca. Acesso em 1 ago. 2023.

BERNARDES, Bruno Paiva. *Conjecturas sobre a aplicação do minimalismo judicial ao ordenamento jurídico brasileiro e sua democraticidade jurídica*. Dissertação (Mestrado em Direito) – Programa de Pós-Graduação Stricto Sensu em Direito, Faculdade de Ciências Humanas, Sociais e da Saúde, Universidade FUMEC, Belo Horizonte, 2019.

BOBBIO, Norberto. *O positivismo jurídico*: lições de filosofia do direito. (Trad. Márcio Pugliesi). São Paulo: Ícone, 1995.

BRASIL. [Constituição (1988)]. *Constituição da República Federativa do Brasil de 1988*. Brasília, DF: Presidência da República, [2023a]. Disponível em: http://www.planalto. gov.br/ccivil_03/Constituicao/Constituicao.htm. Acesso em 1 ago. 2023.

BRASIL. Lei nº 13.105, de 16 de março de 2015. Código de Processo Civil. Brasília, DF: Presidência da República, *Diário Oficial da União*, 17 mar. 2015. Disponível em: https:// www.planalto.gov.br/ccivil_03/_ato2015-2018/2015/lei/l13105.htm. Acesso em 1 ago. 2023.

BRASIL. Supremo Tribunal Federal (1º Turma). *Habeas Corpus 103.412/SP*. DIREITO PENAL. HABEAS CORPUS. CRIME DE QUADRILHA. CONFIGURAÇÃO TÍPICA. REQUISITOS. [...]. Relatora Min. Rosa Weber, 19 de junho de 2002. Disponível em: https://redir.stf.jus. br/paginadorpub/paginador.jsp?docTP=TP&docID=2612894. Acesso em 1 ago. 2023.

BRAY, Renato Toller. A relação de Habermas com a Escola de Frankfurt: influência, distanciamento e contribuição. *Cadernos Jurídicos*, São Paulo, a. 1, v. 1, n. 1, p. 165-182, 2010. Disponível em: https://ria.ufrn.br/jspui/handle/123456789/1167. Acesso em 1 ago. 2023.

CANOTILHO, José Joaquim Gomes. *Direito Constitucional e Teoria da Constituição*. 7. ed. Coimbra: Almedina, 2003.

COELHO, André L. S. Facticidade e validade no processo judicial. *In*: LIMA, Clóvis R. M. (Org.). *Anais do IX Colóquio Habermas*. Rio de Janeiro: Salute, 2014.

COMPARATO, Fábio Konder. Ensaio sobre o juízo de constitucionalidade de políticas públicas. *Revista de Informação Legislativa*, Brasília, n. 35, p. 39-48, abr./jun. 1998.

CRUZ, Álvaro Ricardo de Souza. *Habermas e o direito brasileiro*. 2. ed. Rio de Janeiro: Lumen Juris, 2008.

DEL NEGRI, André. *Controle de constitucionalidade no processo legislativo*: teoria da legitimidade democrática. 2. ed. Belo Horizonte: Fórum, 2008.

DEL NEGRI, André. *Direito constitucional e teoria da Constituição*. 5. ed. Belo Horizonte: D'Plácido, 2019.

DESCARTES, René. *Discurso do método*. (Trad. Maria Ermantina Galvão). São Paulo: Martins Fontes, 2001.

DIAS, Ronaldo Brêtas de Carvalho. *Processo Constitucional e Estado Democrático de Direito*. 4. ed. Belo Horizonte: Del Rey, 2018.

DIAS, Ronaldo Bretas de Carvalho; SOARES, Carlos Henrique. *Técnica processual*. Belo Horizonte: Del Rey, 2015.

DU PASQUIER, Claude. *Introduction à la Théorie Genérale et à la Philosophie du Droit*. 4. ed. Neuchâtel: Delachaux et Niestlé, 1967.

DURÇO, Karol Araújo. *Tensões entre discursividade e eficácia no processo civil*: aplicação da contraposição habermasiana entre razão instrumental e razão comunicativa ao direito. Dissertação (Mestrado em Direito) – Programa de Pós-Graduação em Direito, Universidade Federal do Espírito Santo, Vitória, 2008.

REFERÊNCIAS | 113

DUTRA, Delmar José. A teoria discursiva da aplicação do direito: o modelo de Habermas. *Veritas*, Porto Alegre, v. 51, n. 1, p. 18-41, mar. 2006. Disponível em: https://revistaseletronicas.pucrs.br/ojs/index.php/veritas/article/download/1880/1401/. Acesso em 1 ago. 2023.

DWORKIN, Ronald. *Levando os direitos a sério*. (Trad. Nelson Boeira). 3. ed. São Paulo: Martins Fontes, 2010.

FERRAZ, Taís Schilling. Ratio decidendi x tese jurídica. *Revista da Escola da Magistratura do TRF da 4ª Região*, [s. l.], n. 10, p. 81-102, 2018. Disponível em: https://www2.trf4.jus.br/trf4/upload/editor/bnu_8_ratio_tese_tais_ferraz.pdf. Acesso em 1 ago. 2023.

GALUPPO, Marcelo Campos. *Igualdade e diferença*: Estado Democrático de Direito a partir do pensamento de Habermas. Belo Horizonte: Mandamentos, 2002.

GONÇALVES, Aroldo Plínio. *Técnica processual e teoria do processo*. Belo Horizonte: Del Rey, 2016.

GUSTIN, Miracy Barbosa de; DIAS, Maria Tereza Fonseca; NICÁCIO, Camila Silva. *(Re)pensando a pesquisa jurídica*: teoria e prática. 5. ed. rev., ampl. e atual. São Paulo: Almedina, 2020.

HABERMAS, Jürgen. *A ética da discussão e a questão da verdade*. (Trad. Marcelo Brandão Cipolla). São Paulo: Martins Fontes, 2007.

HABERMAS, Jürgen. *Agir comunicativo e razão descentralizada*. (Trad. Lucia Aragão). Rio de Janeiro: Tempo Brasileiro, 2002.

HABERMAS, Jürgen. *Facticidade e validade*: contribuições para uma teoria discursiva do direito e da democracia. (Trad. Felipe Gonçalves e Rúrion Melo). 2. ed. São Paulo: Unesp, 2021.

HABERMAS, Jürgen. Para o uso pragmático, ético e moral da razão prática. *Estudos Avançados*, [s. l.], n. 3, v. 7, dez. 1989. Disponível em: https://doi.org/10.1590/S0103-40141989000300002. Acesso em 1 ago. 2023.

HABERMAS, Jürgen. *Pensamento pós-metafísico*: estudos filosóficos. Rio de Janeiro: Tempo Brasileiro, 1990.

HOMMERDING, Adalberto Narciso; MOTTA, Francisco José Borges. Direito e legitimidade em Jürgen Habermas: aportes para a construção de um processo jurisdicional democrático. *Revista Quaestio Iuris*, Rio de Janeiro, v. 10, n. 3, p. 1537-1555, 2017.

KANT, Immanuel. *Crítica da razão pura*. (Trad. Manuela Pinto dos Santos e Alexandre Fradique Morujão). Lisboa: Fundação Calouste Gulbenkian, 2001.

KELSEN, Hans. *Teoria pura do direito*. (Trad. João Baptista Machado). 8. ed. São Paulo: Martins Fontes, 2009.

KUSHNER, Tony. *Angels in America*. New York: Theatre Communications Group, 2013.

LEAL, André Cordeiro. *O contraditório e a fundamentação das decisões*. Belo Horizonte: Malheiros, 2002.

LINCOLN, Abraham. Discurso em Gettysburg. *Folha de São Paulo*, São Paulo, 2009. Disponível em: https://m.folha.uol.com.br/ilustrada/2009/02/506036-leia-o-discurso-em-gettysburg-de-abraham-lincoln.shtml. Acesso em 1 ago. 2023.

LUIZ, Fernando Vieira. *Teoria da decisão judicial*. Porto Alegre: Livraria do Advogado, 2013.

MADEIRA, Dhenis Cruz. O que é solipsismo judicial? *Revista Jurídica da Presidência*, Brasília, DF, v. 22, n. 126, p. 191-210, fev./mai. 2020.

MARÍAS, Julián. *História da Filosofia*. (Trad. Cláudia Berliner). São Paulo: Martins Fontes, 2004.

MARINONI, Luiz Guilherme; MITIDIERO, Daniel. Cultura religiosa, previsibilidade e unidade do direito pelo precedente. *In*: ANNUAL CONFERENCE OF INTERNATIONAL ASSOCIATION OF PROCEDURAL LAW, [*s. l.*: *s. n.*], 2014. *Anais* [...]. Seoul: IAPL, 2014.

MESQUITA, Rogério Garcia. Habermas e a teoria discursiva do direito. *Perspectiva*, Erechim, v. 36, p. 41-42, jun. 2012. Disponível em: https://www.uricer.edu.br/site/pdfs/perspectiva/134_270.pdf. Acesso em 1 ago. 2023.

MINAS GERAIS. Tribunal de Justiça de Minas Gerais. *Autos nº 1.0000.21.070568-7/001*. Des. José Augusto Lourenço dos Santos, 31 de março de 2022. Disponível em: https://pe.tjmg.jus.br/rupe/assinarConteudo?acao=download&viewFile=true&desenvoleparArquivoAssinado=true&adicionarLinkValidacao=false&idArquivoDownload=216875940&hashArquivo=003891afb8e32e28c33fbc28715d184f. Acesso em 10 fev. 2024.

MINAS GERAIS. Tribunal de Justiça de Minas Gerais. *Autos nº 1.0000.21.070568-7/003*. Des. Vice-Presidente Ana Paula Caixeta, 11 de novembro de 2022. Disponível em: https://pe.tjmg.jus.br/rupe/assinarConteudo?acao=download&viewFile=true&desenvoleparArquivoAssinado=true&adicionarLinkValidacao=false&idArquivoDownload=291347918&hashArquivo=f9745d0ce7f48324a08681ccb8e9c762. Acesso em 10 fev. 2024.

MITIDIERO, Daniel. Fundamentação e precedente: dois discursos a partir da decisão judicial. *Revista de Processo*, São Paulo, v. 37, n. 206, p. 61-78, abr. 2012. Disponível em: https://bdjur.stj.jus.br/jspui/handle/2011/80212. Acesso em 1 ago. 2023.

MORAIS, Carlos Willians Jaques. Habermas e Höffe: solipsismo metódico ou razão cosmopolita em Kant?. *Publicatio UEPG*, Ponta Grossa, v. 18, n. 2, 2010. Disponível em: https://doi.org/10.5212/publ.humanas.v18i2.1105. Acesso em 1 ago. 2023.

MOREIRA, Cintya Martins; FARIA, Edimur Ferreira de. Administração dialógica e as organizações não governamentais sob a perspectiva da participação administrativa: uma reflexão em Habermas acerca da reformulação da relação entre a sociedade civil e o estado. *Revista Meritum*, Belo Horizonte, v. 16, n. 3, p. 205-222, 2021.

MOREIRA, Luiz. *Fundamentação do direito em Habermas*. Belo Horizonte: Mandamentos, 2004.

MUNDIM, Luiz Gustavo Reis; OLIVEIRA, Alexandre Varela de; Cortes Supremas e a herança bulowiana na jurisprudencialização do direito. *Revista Eletrônica de Direito Processual – REDP*, ano 13, vol. 20, n. 3, set./dez., 2019. Disponível em: https://www.e-publicacoes.uerj.br/redp/article/view/40557/30560. Acesso em 12 jul. 2023.

REFERÊNCIAS | 115

OLIVEIRA, Luiz Cláudio Vieira de; CORRÊA, Osvaldo Manoel. *Normas para redação de trabalhos acadêmicos, dissertações e teses*. 2. ed. rev. Belo Horizonte: Universidade FUMEC, 2008. Disponível em: http://www.fumec.br/anexos/a_fumec/bibliotecas/livro_de_normas. pdf. Acesso em 1 ago. 2023.

PATEL, Felipe Brasil; FILÓ, Maurício da Cunha Svino; MAY, Yduan. Direitos fundamentais e a técnica de ponderação de Robert Alexy. *Revista Athenas*, Conselheiro Lafaiete, a. VI, v. 1, jan./dez. 2017. Disponível em: https://www.fdcl.com.br/revista/site/download/ fdcl_athenas_ano6_vol1_2017_artigo05.pdf. Acesso em 1 ago. 2023.

RIBEIRO, Djamila. *Lugar de fala*. São Paulo: Pólen, 2014.

SÃO PAULO. Tribunal de Justiça do Estado de São Paulo (1ª Vara Cível da Comarca de Jundiaí). *Autos nº 1016422-86.2017.8.26.0309*. Juiz Luiz Antonio de Campos Júnior, 15 de setembro de 2017a. Disponível em: https://www.conjur.com.br/dl/juiz-proibe-peca-representa-jesus.pdf. Acesso em 1 ago. 2023.

SÃO PAULO. Tribunal de Justiça do Estado de São Paulo (Vara de Violência Doméstica e Familiar contra a Mulher da Comarca de Guarulhos). *Autos nº 0006529-86.2016.8.26.0224*. Juiz Luiz Antonio de Campos Júnior, 5 de setembro de 2017b. Disponível em: https:// www.conjur.com.br/dl/pai-espancou-filha-redacted.pdf. Acesso em 1 ago. 2023.

SILVA, Beclaute Oliveira. Teoria discursiva e seus reflexos no direito segundo o pensamento de Habermas. *Revista de Informação Legislativa*, Brasília, DF, a. 44, n. 172, jul./set. 2007. Disponível em: https://www12.senado.leg.br/ril/edicoes/44/175/ril_v44_n175_p189.pdf. Acesso em 1 ago. 2023.

SIQUEIRA, Dirceu Pereira; SOUZA, Bruna Caroline Lima de. Audiências públicas no poder judiciário e os direitos da personalidade: uma análise à luz das teorias de Jürgen Habermas e Peter Häberle. *Revista Meritum*, Belo Horizonte, v. 16, n. 3, p. 150-167, 2021.

STRECK, Lenio Luiz. *Jurisdição constitucional e hermenêutica*. 2. ed. Rio de Janeiro: Forense, 2004.

STRECK, Lenio Luiz. Notícia de última hora: CNJ autoriza cura de juiz solipsista!. *Conjur*, [s. l.], 2017. Disponível em: https://www.conjur.com.br/2017-set-21/senso-incomum-noticia- ultima-hora-cnj-autoriza-cura-juiz-solipsista. Acesso em 1 ago. 2023.

STRECK, Lenio Luiz. *O que é isto*: decido conforme minha consciência? Porto Alegre: Livraria do Advogado, 2010.

TARSO, Paulo de. Carta a Efésio *In*: NOVO TESTAMENTO. *Bíblia*. [S. l.]: Claretiana, 2004.

THIBAU, Vinícius Lott. Os paradigmas jurídico-constitucionais e a interpretação do Direito. *Revista Meritum*, Belo Horizonte, v. 3, n. 1, p. 317-354, jan./jun. 2008. Disponível em: http://revista.fumec.br/index.php/meritum/article/view/787. Acesso em 1 ago. 2023.

Esta obra foi composta em fonte Palatino Linotype, corpo 10
e impressa em papel Offset 75g (miolo) e Supremo 250g (capa)
pela Artes Gráficas Formato.